알고 먹으면
더 건강해져요!

어린이 채소 도감

아마나 NATURE & SCIENCE 편찬
히다카 나오토 그림 김지영 옮김
이나가키 히데히로 감수

미세기

채소의 시작은? … **4**

들어가며 … **6**

1장   눈물 없이는 볼 수 없는 채소의 역사

감자는 옛날에 '악마의 식물'로 불리며 화형에 처해졌어요 … **감자 8**

토마토는 열매가 너무 새빨개서 관상용이었어요 … **토마토 12**

가지는 옛날에는 고급 채소였어요 … **가지 16**

콜리플라워는 꽃이지만, 너무 많이 개량되어 꽃을 피우지 못해요
… **콜리플라워와 브로콜리 20**

옥수수는 씨앗을 퍼뜨리지 못해요 … **옥수수 26**

토란은 다른 뿌리채소에 왕좌를 빼앗겼어요 … **토란 30**

채소 칼럼   뿌리 깊은 문제! '뿌리채소는 뿌리일까요? 줄기일까요?' … **34**

2장   오해를 풀고 싶은 채소들

무다리는 날씬한 다리를 칭찬하는 말이었대요 … **무 36**

순무는 힘주지 않아도 쉽게 뽑을 수 있어요 … **순무 40**

토끼는 사실 당근을 안 좋아한대요 … **당근 44**

우엉은 해외에서는 그냥 잡초예요 … **우엉 48**

오이는 사실 녹색 가면을 쓰고 위장한 거예요 … **오이 52**

피망은 덜 익었을 때 먹어서 쓴맛이 나요 … **피망 56**

연근은 뿌리 근(根) 자를 쓰는데도 뿌리가 아니래요 … **연근 60**

고구마를 먹고 뀌는 방귀는 냄새가 독하지 않아요 … **고구마 64**

채소 칼럼   스파이를 찾아라! 채소 분류 퀴즈 … **68**

3장   잎에는 잎만의 사정이 있어요

양배추는 인간이 둥글게 만들었어요 … **양배추 70**

배추는 겨울이 되면 끈으로 꽁꽁 묶여요 … **배추** 74
시금치는 성별을 알기도 전에 먹혀 버려요 … **시금치** 78
양상추는 쓴 우유로 벌레로부터 몸을 지켜요 … **양상추** 82
대파는 자라나도 다시 땅에 파묻혀요 … **파** 86
채소 칼럼 추위를 견디며 맛있어져요 … 90

4장　수수한 외모 뒤에 숨겨진 힘

숙주는 비리비리하지 않아요 … **숙주** 92
풋콩은 이름 그대로 '덜 익은 콩'이에요 … **풋콩** 96
피라미드는 마늘 덕분에 완성되었다 해도 과언이 아니에요 … **마늘** 100
양파는 살아남기 위해 둥글어졌어요 … **양파** 104
고추를 핥기만 해도 정말 매운맛을 보게 돼요 … **고추** 108
단호박은 여름에 나는데 다들 겨울이 제철이라고 착각해요 … **단호박** 112
채소 칼럼 씩씩한 채소의 어여쁜 꽃 … 116

5장　정말… 채소 맞아요?

멜론의 그물 무늬는 상처 딱지예요 … **멜론** 118
수박은 멜론 옆에 있으면 썩어요 … **수박** 122
겨울 딸기는 최면술을 걸어서 팔아요 … **딸기** 126
표고버섯은 비행기와 같은 원리로 자손을 날려 보내요 … **표고버섯** 130
채소 칼럼 채소와 과일의 차이는 무엇일까요? … 134
채소 칼럼 '토마토 재판' 토마토는 채소일까요? 과일일까요? … 136

맛있게 먹어요! 채소를 보관하는 요령 … 137
나를 아나요? 새로운 채소 … 140
도전! 채소 이름 찾기 퍼즐 … 142

채소의 시작은?

1 숲속에서 과일을 먹으며 사는 원숭이 중 일부가 진화해서 지금의 인류가 되었어요. 사실 대부분의 동물은 비타민 C를 몸속에서 만들어 내요. 하지만 인류의 선조는 과일에서 비타민 C를 얻었으므로, 몸속에서 비타민 C를 만들어 내는 힘을 잃게 되고 말았어요.

2 약 500만 년 전, 지구의 지형과 기후에 큰 변화가 일어났어요. 숲 대부분이 사라지고 땅이 온통 초원으로 변해서 과일 나무가 줄어들었어요. 원숭이들은 딱딱한 풀이나 잎을 못 먹었기 때문에 풀의 열매나 뿌리, 육식 동물이 먹다 남긴 찌꺼기를 먹으며 힘겹게 살아갔어요.

3 이윽고 인류의 선조는 또 진화했어요. 무기를 이용해 사냥을 하고, 불도 사용할 수 있게 되었지요. 불을 사용하면 단단한 식물을 부드럽게 익혀 먹을 수 있어요. 이렇게 인류는 다양한 식물과 고기를 먹을 수 있게 되었어요.

4 그리고 지금으로부터 약 1만 년 전, 인류는 식물을 키워서 식량을 얻는 방법을 깨달았어요. 그렇게 채소 재배가 시작되었지요. 약 5천 년 전의 고대 이집트에는 이미 오이와 수박, 양파, 무, 양상추 등이 있었다고 해요. 사실 채소 대부분이 아주 먼 옛날부터 세계 어디선가 재배되던 것들이랍니다.

들어가며

어느 날 채소밭을 보니, 처음 보는 노란 꽃이 피어 있었어요. 궁금해서 다가가 보니 둥근 순무였습니다. 누군가 버린 순무가 계속 살아 꽃을 피웠던 거예요. 그 순무에는 쥐가 갉아 먹은 것 같은 구멍이 뻥 뚫려 있었어요. 아마 구멍이 뚫린 탓에 출하되지 못하고 버려진 것이었겠지요.

예쁜 꽃을 피운 순무를 본 순간, '채소도 식물이구나.'라는 생각이 들었어요. 생각해 보면 당연하지만, 채소는 식물이에요. 씨를 뿌리면 싹이 트고 쑥쑥 자라나요. 그리고 꽃을 피우고 열매를 맺지요. 채소도 우리와 마찬가지로 살아 있는 거예요.

채소들은 길고 긴 역사 속에서 줄곧 우리 인간과 더불어 살아왔어요. 다양한 모습으로 개량되기도 하고, 한 나라에서 다른 나라로 전해지며 지구 곳곳을 여행하기도 하고, 여러 나라에서 다양한 요리에 쓰이기도 하면서요. 그리고 오늘도 우리의 식탁을 날마다 다채롭게 만들어 주고 있지요.

새초롬한 얼굴로 슈퍼마켓의 채소 코너에 놓여 있는 채소들에게는 저마다 다양한 이야기가 있어요. 그렇게 생각하면 채소는 참 씩씩해요. 그렇지요?

자, 이제부터 채소들의 민낯을 들여다보기로 해요. 이 책을 읽고 나면 여러분은 분명 씩씩한 채소들을 좋아하게 될 거예요.

1장

눈물 없이는 볼 수 없는 채소의 역사

감자는 옛날에
'악마의 식물'로 불리며
화형에 처해졌어요

1장 눈물 없이는 볼 수 없는 채소의 역사

감자의 고향은 페루와 칠레 등이 있는 남아메리카 안데스산맥이에요. 15세기 말에 스페인 사람들이 유럽으로 가지고 가서 전파했어요. 하지만 감자를 먹는 법을 몰랐던 유럽 사람들이 감자의 싹과 줄기까지 먹어 버리는 바람에, 독이 올라 몸부림치며 괴로워하게 되었어요. 감자는 결국 재판에 부쳐져 유죄 선고를 받고 말았지요. 판결은 무려 화형이었어요!

그런 사건이 있었기에 당시 감자는 '악마의 식물'이라고 불렸어요. 사람들에게 미움을 받는 시기도 있었답니다.

채소 프로필 PROFILE

이름 감자

영어명 Potato

분류 가짓과 가지속

대표 생산지 강릉, 대관령, 평창 등

녹색으로 변한 감자는 먹으면 안 돼요!

햇빛이 드는 곳에 감자를 놓아두면 녹색으로 변하며 싹이 돋아나요. 감자의 싹눈에는 솔라닌이라는 유독 물질이 있어요. 먹으면 어지럼증이나 구토 등을 유발하니 주의하세요.

감자
숨겨진 이야기

아일랜드인이 미국으로 대량 이주를 한 것은 감자 때문이었어요!

옛날 아일랜드에서는 감자가 주식이었어요. 그런데 1845년, 감자에 전염병이 퍼졌어요. 감자를 수확할 수 없게 되자 아일랜드 사람들이 굶어 죽고 말았고요. 간신히 살아남은 사람들이 먹을 것을 찾아 아메리카 대륙으로 가게 된 것이랍니다.

하루 지난 카레가 더 맛있는 이유는 감자 덕분이에요!

감자에는 끈적한 전분이 들어 있어요. 카레를 하룻밤 놓아두면 감자 속 전분이 녹아서 카레를 걸쭉하게 만들어 줘요. 그래서 카레 맛이 혓바닥 위에 오래 남게 되고, 더 맛있다고 느끼게 되는 것이랍니다.

구미도는 이야기!

1장 눈물 없이는 볼 수 없는 채소의 역사

감기를 예방하고 피부를 깨끗하게 하는 비타민 C가 잔뜩 들어 있어요!

감자에 잔뜩 든 탄수화물은 우리 몸이 활기차게 활동할 수 있는 에너지원이에요. 또 감자에 많이 들은 비타민 C는 감기 예방, 피부의 기미와 주근깨 예방에도 좋답니다. 맛있는 데다 건강에도 도움이 되니 아주 고마운 채소예요.

감자는 전 세계에서 여러 가지 요리에 사용돼요. 포테이토칩 등의 과자도 인기 있고요. 녹말가루로 만들어 다양한 요리에 쓰고, 면으로 재탄생해 당면이 되기도 하지요.

좋은 채소 고르기

- 싹이나 녹색 부분이 없다.
- 둥글고 묵직하다.
- 껍질에 흠집이나 주름이 없다.

감자의 비타민 C는 가열해도 괜찮아요.

1장 눈물 없이는 볼 수 없는 채소의 역사

　토마토의 선명한 붉은색은 리코펜이라는 성분 때문이에요. 리코펜의 붉은색은 사람들이 그동안 먹어 온 열매 중에 보기 드문 강렬한 색이었어요. 그래서 옛날 유럽 사람들은 '이렇게 새빨갛다니, 독이 있는 게 틀림없어!'라고 생각했고, 신기한 식물이라며 먹지 않고 구경하기만 했어요.

　토마토가 빨갛게 익는 이유는 동물들의 눈에 띄기 위해서예요. 동물이 먹고, 씨앗을 멀리멀리 퍼트려 주길 바란 거지요. 그런데 토마토는 너무 새빨간 나머지 먹는 사람이 아무도 없었다니, 참 안타까운 일이지 뭐예요.

채소 프로필 PROFILE

이름 토마토

영어명 Tomato

분류 가짓과 가지속

대표 생산지 경기도 광주, 춘천, 부여 등

토마토 열매에는 독이 없지만, 잎에는 독이 있어요

토마토 잎에는 토마틴과 솔라닌 등의 독이 있어요. 이 독은 벌레가 잎을 갉아 먹지 못하게 하지요. 토마토에게 독은 몸을 지키는 소중한 무기인 셈이에요.

토마토
숨겨진 이야기

스테비아 토마토는 채소일까요? 아니면 과일일까요?

스테비아 토마토라고 과일처럼 달콤한 토마토가 있어요. 보통 나무에 열리는 열매를 과일로, 풀에 열리는 열매를 채소로 분류해요. 토마토는 풀에 열리는 열매이기 때문에 아무리 달콤해도 채소예요. 그 밖에도 노란색이나 갈색 토마토, 포도처럼 알이 작은 토마토 등 여러 가지 종류가 있지요.

토마토로 맛있는 감칠맛을 낼 수 있어요!

토마토에는 글루탐산이라는 감칠맛을 내는 성분이 잔뜩 들어 있어요. 그래서 유럽에서는 말린 토마토를 이용해서 국물을 내 요리를 해요. 쌀과 함께 토마토와 여러 재료를 넣고 끓인 리소토도 토마토의 감칠맛 성분을 살린 요리예요.

구이도는 이야기!

1장 눈물 없이는 볼 수 없는 채소의 역사

비타민의 제왕, 토마토를 먹으면 의사가 필요 없다고요?

유럽에는 '토마토가 빨개지면 의사의 얼굴은 파래진다.'라는 속담이 있어요. 토마토에는 건강에 좋은 영양소가 잔뜩 들어 있어서, 토마토가 익는 계절에는 의사를 찾는 환자가 없어진다는 뜻이지요.

토마토의 붉은색을 내는 성분인 리코펜에는 면역력을 높이고 암 같은 심각한 병을 예방하는 힘이 있어요. 토마토에는 비타민 C도 풍부해서, 면역력이 높아지고 깨끗한 피부에도 도움이 돼요.

토마토는 보통 생으로 먹는다고 생각하지만, 전 세계적으로 보면 익혀서 먹는 경우가 더 많은 것 같아요.

좋은 채소 고르기

꼭지가 쭉 뻗고 생기 있다.

껍질이 탱탱하다.

색이 짙고 묵직하다.

토마토주스나 토마토케첩에서도 리코펜을 섭취할 수 있어요.

가지는 옛날에는 고급 채소였어요

가지의 고향은 인도인데, 중국을 통해 우리나라로 전래되었어요. 신라 시대 때부터 가지를 길러 먹었는데, 신라에서 키운 가지는 맛이 좋아서 중국에서도 수입해 갈 정도였대요.

가지는 여름 채소이지만 여러 방법을 연구한 끝에 겨울에도 재배할 수 있게 되었어요. 당시에는 아주 고급 채소였대요. 어렵게 길러 겨울에도 먹을 수 있었으니 값비쌀 수밖에요.

그랬던 가지도 지금은 비닐하우스에서 길러서 일 년 내내 먹을 수 있는 저렴한 채소가 되었네요.

채소 프로필

이름 가지

영어명 Eggplant

분류 가짓과 가지속

대표 생산지 경기도 광주, 여주, 홍천 등

뾰족뾰족한 가시는 야생의 흔적일까요?

가지는 험난한 자연 속에서 살아남기 위해 꼭지에 가시를 갖게 되었어요. 가시의 역할은 공기 중의 수분을 흡수하기 위해서, 동물로부터 몸을 지키기 위해서 등 여러 가설이 있어요.

가지
숨겨진 이야기

'도깨비가지'라는 이름부터 못돼 보이는 친척도 있어요

가지의 친척 중에는 '도깨비가지'라는 잡초가 있어요. 도깨비가지는 유럽에서 온 식물로, 지금은 한국 여기저기에서도 볼 수 있지요. 잎과 줄기에 날카로운 가시가 잔뜩 나 있어요.

가지는 추위를 타니, 냉장고에 넣지 말고 보관해야 해요!

구이도는 이야기!

가지의 원산지인 인도는 더운 나라이지요. 그래서인지 가지는 추운 것을 못 견뎌요. 냉장고에 넣어 두면 쭈글쭈글 시들어 버리지요. 가지는 집 안의 서늘한 곳에 두는 것이 가장 좋아요! 냉장고에 보관할 때는 하나씩 랩으로 싸서 넣으면 좋아요.

암 예방에도 좋은 '안토시아닌'의 건강한 힘

가지가 보라색인 이유는 가지에 들어 있는 안토시아닌이라는 성분이 보라색을 띠기 때문이에요. 안토시아닌은 암을 예방하고, 혈관을 깨끗하게 해 주고, 눈의 피로를 회복시키는 등 몸에 좋은 효과가 아주 많아요.

우리가 먹는 가지는 보통 보라색이지만 다른 나라에는 흰색 가지, 녹색 가지, 줄무늬 가지도 있어요. 흰색이나 녹색 가지에는 안토시아닌이 들어 있지 않지만, 익히면 눅진한 식감을 즐길 수 있어서 또 다른 매력이 있지요.

꼭지가 검고, 싱싱하며 단단하다.

좋은 채소 고르기

보라색이 아닌 가지도 있군요.

껍질의 보라색이 선명하며, 탱탱하고 윤기가 있다.

콜리플라워는 꽃이지만,
너무 많이 개량되어
꽃을 피우지 못해요

1장 눈물 없이는 볼 수 없는 채소의 역사

　브로콜리와 콜리플라워는 양배추의 친척이에요. 이들은 모두 케일이라는 채소가 진화한 것이에요. 케일은 건강 음료인 녹즙의 원료로 사용되기도 하지요.

　케일을 잎이 둥글게 개량한 것이 양배추, 꽃봉오리를 먹을 수 있도록 개량한 것이 브로콜리, 거기에서 더 개량한 것이 콜리플라워예요. 그래서 콜리플라워는 '꽃양배추'라는 이름으로도 불러요.

　브로콜리는 수확하지 않고 밭에 그대로 두면 작은 노란색 꽃을 피워요. 하지만 콜리플라워는 진화를 거듭한 결과, 꽃봉오리끼리 달라붙어 버려서 예쁜 꽃을 피우지 못하게 되고 말았답니다.

채소 프로필

이름 　브로콜리/콜리플라워

영어명 　Broccoli / Cauliflower

분류 　십자화과 배추속

대표 생산지
브로콜리 제주도, 합천 등
콜리플라워 제주도, 평창 등

유채꽃도 브로콜리의 친구예요

봄의 전령사라 불리는 유채도 브로콜리처럼 십자화과 배추속의 식물이에요. 그래서 브로콜리와 양배추도 유채꽃처럼 작고 노란 꽃을 피우지요.

이렇게나 많은 채소가 가족이라니!
케일은 대가족의 선조랍니다

　인간은 기나긴 역사 속에서 케일을 개량해 여러 가지 채소를 만들어 왔어요. 잎이 둥근 모양으로 말리게 만든 양배추, 꽃봉오리를 먹을 수 있게 만든 브로콜리와 콜리플라워, 잎 밑동의 싹을 먹을 수 있게 만든 방울다다기양배추까지, 그 선조는 다 케일이에요. 그 증거로 이 채소들은 모두 똑같이 '브라시카 올레라케아(Brassica oleracea)'라는 학명이 붙어 있어요. 브라시카 올레라케아 일족은 채소계에서는 역사와 전통이 있는 대가족인 거죠.

케일

방울다다기양배추　콜리플라워　브로콜리　양배추

1장 눈물 없이는 볼 수 없는 채소의 역사

영양소가 풍부해 질병 예방에 효과적이에요!

브로콜리에는 감기를 예방하는 비타민 C, 눈과 피부를 건강하게 하는 카로틴, 혈액을 만드는 철분이 풍부하게 들어 있어요. 특히 비타민 C는 무려 양배추의 네 배나 된답니다! 브로콜리 줄기에도 영양소가 듬뿍 들어 있으니, 겉의 단단한 부분만 잘라 낸 다음 남김없이 먹도록 하세요.

콜리플라워는 브로콜리에 비하면 영양소는 적어요. 그래도 비타민 C가 많이 들어 있고, 식이 섬유도 풍부해요. 또 콜리플라워 속 비타민 C는 열에 강해서, 익혀 먹는 요리에도 잘 맞는답니다.

좋은 채소 고르기

브로콜리
- 짙은 녹색이다.
- 꽃봉오리가 작고 빽빽하다.
- 줄기에 구멍이 없다.

콜리플라워
- 깨끗한 흰색이다.
- 꽃봉오리가 빈틈없이 빽빽하다.
- 형태가 둥글고 묵직하다.

23

브로콜리
숨겨진 이야기

보라색 브로콜리도 있어요 가열하면 녹색이 되어 버리죠!

브로콜리 중에는 보라색 브로콜리도 있어요. 줄기와 잎은 녹색이지만, 꽃봉오리 부분이 보라색이에요. 맛은 녹색 브로콜리보다 달콤하고 영양도 듬뿍 들었어요. 단 가열하면 녹색으로 변해서 일반 브로콜리와 구분할 수 없게 된답니다.

영양소를 빠짐없이 섭취하려면 쪄서 먹어요!

브로콜리에 풍부한 비타민 C는 물에 녹는 성질이 있어요. 브로콜리를 물에 삶으면 영양소가 빠져나가 버리죠. 그래서 추천하는 것이 바로 찜 요리예요. 냄비나 프라이팬에 약간의 물을 넣고 끓인 다음, 작게 자른 브로콜리를 넣고 뚜껑을 덮어 약한 불로 3분 정도 가열하면 돼요.

> **콜리플라워**
> 숨겨진 이야기

콜리플라워는 하얗게 변한 '알비노'예요

콜리플라워는 브로콜리의 개량종으로, 브로콜리가 하얀색으로 변한 것이에요. 이렇게 색소가 빠져서 하얗게 변한 것을 알비노라고 해요. 흰색 팽이버섯도, 붉은 눈을 가진 흰토끼도 알비노지요. 사랑스러운 모습으로 유명한 멕시코도롱뇽(일명 우파루파)은 색이 어두웠지만 사람이 사육하면서 지금 같은 알비노가 되었지요.

쌀 대신에 먹는 콜리플라워 라이스

구미도는 이야기!

다이어트를 하려고 쌀 대신 콜리플라워 라이스를 먹기도 해요. 콜리플라워 라이스란 콜리플라워를 잘게 다진 것을 말해요. 겉보기에는 쌀과 무척 비슷하지만, 맛은 콜리플라워 맛이지요. 콜리플라워니까요. 요즘에는 콜리플라워 라이스를 얼린 냉동식품도 판매하고 있어요.

옥수수는 씨앗을 퍼뜨리지 못해요

1장 눈물 없이는 볼 수 없는 채소의 역사

우리가 먹는 옥수수의 낱알은 옥수수의 씨앗이에요. 인간은 이 맛있는 씨앗을 남김없이 먹고 싶어서, 옥수수가 스스로 씨를 퍼뜨릴 수 없도록 개량했어요. 씨를 퍼뜨려 자손을 늘리는 것이 식물의 자연스러운 모습이에요. 사실 옥수수도 마음으로는 씨를 퍼뜨리고 싶어서 안절부절못할지도 모르겠어요.

식용으로 파는 생옥수수는 미숙한 씨앗이라 싹을 틔울 수 없어요. 하지만 팝콘용으로 파는 옥수수는 완숙한 씨앗이라서, 물에 넣어 두면 얼마 뒤에 싹이 난답니다.

이름   옥수수

영어명   Corn

분류   볏과 옥수수속

대표 생산지
홍천, 영원, 평창, 괴산 등

옥수수수염은 수염이 아니라 암꽃술이에요

옥수수수염은 사실 암꽃술이에요. 우리가 볼 때는 누렇게 말랐지만, 밭에서 피어 있을 때는 윤기가 나고 무척 아름다워요. 이뇨를 도와 주어 옥수수수염을 달여서 차로 마시기도 해요.

27

옥수수
숨겨진 이야기

옥수수는 세계에서 가장 많이 재배하는 채소예요

옥수수에는 여러 가지 종류가 있는데, 그중 어떤 종은 가축 먹이로 많이 사용해요. 또 어떤 종은 과자나 식물성 기름을 만들기도 하고, 공업용 알코올이나 접착제의 재료로 쓰기도 해요. 옥수수는 세계에서 가장 많이 재배되는 작물이랍니다.

옥수수의 단맛은 수확 후 하루만 지나도 반토막이 나요!

구미도는 이야기!

달콤해서 맛있는 옥수수. 이 달콤한 맛을 나타내는 수치가 당도인데요. 옥수수는 수확 후에도 호흡하면서 에너지인 당분을 계속 사용해요. 그래서 수확하고 하루만 지나도 당도가 절반까지 떨어지고 말아요. 옥수수를 맛있게 먹으려면 신선할 때 빨리 먹어야 해요!

세계 삼대 작물 중 하나!
하나만 먹어도
피로가 싹 회복돼요

우리가 옥수수에서 먹는 부분은 씨앗이라서, 그 안에는 싹을 틔우기 위한 영양분이 듬뿍 들어 있어요. 몸의 에너지가 되는 탄수화물, 뇌의 에너지가 되는 당분 등 인간에게도 좋은 영양소이지요. 또 몸의 컨디션을 조절해 주는 비타민 C도 풍부해요.

우리가 채소로 먹는 옥수수는 당분이 많아서 달콤하지만, 더 익으면 당분이 전분으로 변해요. 그래서 콘플레이크 같은 우리의 주식이 되지요. 옥수수는 밥이 되는 벼, 빵이나 면이 되는 보리와 어깨를 나란히 하는 세계 삼대 작물이랍니다.

좋은 채소 고르기

껍질이 선명하고 옅은 녹색이다.

싱싱한 갈색 수염이 잔뜩 달려 있다.

토란은 다른 뿌리채소에 왕좌를 빼앗겼어요

1장 눈물 없이는 볼 수 없는 채소의 역사

토란이 우리나라에 언제 들어왔는지는 아무도 몰라요. 다만 고려 시대 책에 기록된 것으로 보아 그때부터 식용했을 거라고 추측합니다. 토란은 일제 강점기와 육이오 전쟁 시기에 우리나라 사람들의 굶주린 배를 채워 준 고마운 채소예요. 지금도 추석에는 토란국을 끓여 먹는데, 토란이 아주 중요한 식량이었던 예전의 흔적일지도 모르겠어요.

지금이야 뿌리채소 하면 고구마나 감자를 먼저 떠올리지만, 과거에 뿌리채소 하면 당연히 토란이었어요. 그런데 1700년대 이후 해외에서 들어온 고구마와 감자에 밀려 왕좌를 빼앗기고 말았답니다.

채소 프로필

이름 토란

영어명 Taro

분류 천남성과 토란속

대표 생산지 곡성, 서천, 당진, 부여 등

중국에서도 추석에 토란을 먹어요

우리가 토란국을 먹는 것처럼 중국에서는 추석에 찌거나 구운 토란을 먹어요. 토란을 먹어야 나쁜 기운을 피하고 복을 받는다고 생각한대요. 신기하지요?

토란
숨겨진 이야기

토란의 커다란 잎은 마치 우산처럼 물을 튕겨요

토란은 동남아시아에서 온 채소예요. 그래서 그야말로 열대 정글에서 자라날 법한 커다란 잎을 가지고 있어요. 잎을 현미경으로 살펴보면 표면이 올록볼록하고 촛농 같은 물질로 뒤덮여서 물을 잘 튕겨 내요.

손이 가렵지 않게 껍질을 벗기는 요령이 있어요

생 토란이나 마의 껍질을 벗기면 손이 가려워져요. 토란 속의 수산 칼슘 때문이에요. 이 성분은 익히면 물에 녹아 없어지니, 익힌 다음 껍질을 벗기면 돼요. 또 산에도 약해서 생 토란의 껍질을 벗길 때는 손을 식초 물에 담갔다 벗기면 가려움을 방지할 수 있어요.

구미도는 이야기!

미끈미끈한 점액에 건강해지는 힘이 숨어 있어요

토란을 요리하면 미끈미끈한 점액이 나와요. 이 점액의 정체는 뮤신이라는 성분으로, 노화 방지의 효과가 있어요. 또 면역력을 높여서 병을 예방해 주고, 위와 장을 편하게 해 주는 효과도 있지요. 그 외에도 몸의 부기와 나른함을 없애 주는 칼륨이라는 성분도 풍부하게 들어 있어서, 피곤할 때 먹으면 좋아요.

해외에서는 토란을 케이크나 빙수 등 다양한 디저트로 만들어 먹기도 해요. 주식으로 삼는 지역도 있고요.

뿌리 깊은 문제!
'뿌리채소는 뿌리일까요? 줄기일까요?'

뿌리채소는 흙 속에서 자라니까 다 뿌리일 거라고 생각할 수도 있지만, 뿌리가 아니라 줄기인 경우도 있어요. 그리고 참마처럼 구분이 명확하지 않은 채소도 있고요.

고구마 ▶ 뿌리
뿌리 부분이 굵어져서 고구마가 돼요. 고구마 끝부분에서는 가느다란 뿌리가 자라나요.

감자 ▶ 줄기
땅속줄기 끝부분이 부풀어서 감자가 돼요. 뿌리가 아니니까 표면이 매끄럽지요.

토란 ▶ 줄기
줄기처럼 보이는 것은 '잎꼭지'라고 부르는 잎의 일부분이에요. 진짜 줄기는 토란 알 부분이지요.

참마 ▶ ?
우리가 먹는 부분은 뿌리와 줄기 양쪽의 특징을 모두 지녔는데, 이를 뿌리도 줄기도 아닌 '근상체'라고 해요.

2 장

오해를 풀고 싶은 채소들

무다리는
날씬한 다리를
칭찬하는
말이었대요

'무다리'라고 하면 굵은 다리를 놀리는 말이니 기분이 나쁘지요. 하지만 옛날 일본에서 무다리는 희고 가느다란 다리를 칭찬하는 말이었답니다. 당시의 무는 지금처럼 굵지 않고 길고 가느다란 모양이었기 때문이에요. 그 이후 품종 개량을 거치며 점점 굵어졌어요. 그래서 말뜻 역시 지금처럼 바뀌었다고 해요.

무다리라는 말은 한국과 일본에만 있어요. 신체를 비하하는 말이니 가급적 쓰지 않는 것이 좋겠지요.

채소 프로필 PROFILE

이름 무

영어명 Radish

분류 십자화과 무속

대표 생산지 제주도, 평창, 강릉, 부안 등

'무의 흰 부분은 뿌리?' 반은 맞고 반은 틀렸어요

무의 흰 부분이 다 뿌리인 것은 아니에요. 아래쪽은 뿌리이지만, 위쪽은 사실 '씨눈줄기'예요. 씨눈줄기는 무의 싹이 텄을 때 떡잎의 아래쪽에 해당하는 부분이에요.

숨겨진 이야기

우리나라는 무 왕국!
가지가지 종류마다 대인기

예전에는 총 채소 생산 면적의 30퍼센트까지도 차지할 정도로 무의 인기가 높았어요. 지금은 식생활의 변화로 줄어들었지만, 그래도 여전히 많이 재배하는 채소 중 하나예요. 단무지용으로 긴 단무지무, 제주도 재래종인 단지무, 둥글고 단단한 조선무 등 다양한 종의 무를 키우지요.

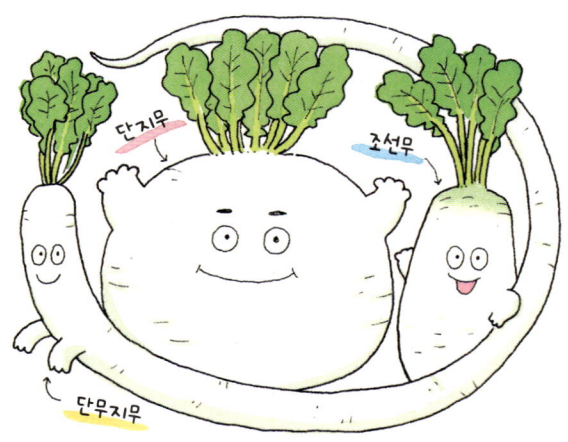

부분에 따라 맛이 달라요

무는 부분에 따라 맛이 달라요. 아래쪽으로 갈수록 매운맛이 강해지니, 매운맛을 좋아한다면 이 부분을 활용하면 돼요. 잎에 가까운 부분은 달콤해서 샐러드로 맛있게 먹을 수 있어요. 즉 달콤한 무를 먹고 싶다면 위의 초록 부분을, 매콤한 무를 먹고 싶다면 아래 하얀 부분을 먹으면 돼요.

생무를 곁들여 먹으면 살균을 하고 소화를 도와요

무의 매운맛은 무 안에 들어 있는 티오글루코사이드라는 성분 때문이에요. 무를 썰거나 씹을 때 미로시나아제라는 효소가 위의 성분과 작용해 유황화합물이 만들어져, 매운맛이 나요. 그때 항균과 살균 효과도 생겨서, 회를 먹을 때 곱게 채 썬 무를 곁들이는 것도 이 때문이지요.

또 무에는 디아스타아제 등, 우리가 먹은 영양분을 분해해서 소화를 돕는 효소도 잔뜩 들어 있어요. 그런데 이런 효소는 무를 가열하면 기능이 사라져 버려요. 튀김이나 햄버그스테이크 등에 생무를 갈아서 곁들이는 것은 위장의 활동을 돕기 위해서인 거죠.

좋은 채소 고르기
- 잎이 똑바로 쭉 뻗어 있다.
- 바람(단면에 보이는 작은 구멍)이 들지 않았다.
- 잔뿌리가 없고 표면이 매끈하다.
- 들어 봤을 때 묵직하고 싱싱하다.

순무는 힘주지 않아도 쉽게 뽑을 수 있어요

러시아의 전래 민화 '커다란 순무'를 아나요? 우리나라에서도 꽤 유명한 이야기예요. 할아버지가 기른 커다란 순무를 가족과 동물들이 힘을 합쳐 뽑는 이야기지요. 그렇지만 사실 순무는 아무리 커도 손쉽게 뽑을 수 있답니다. 순무는 둥근 부분 대부분이 흙 위로 나와 있기 때문이에요.

순무의 둥근 부분은 뿌리가 아니라, 떡잎 아랫부분이 자라난 '씨눈줄기'라는 부분이에요. 그래서 땅속을 향해서 자라지 않는답니다. 그러니까 이야기에서 할아버지가 열심히 뽑은 것은 순무와 아주 비슷한 사탕무였을지도 몰라요.

채소 프로필

이름 순무

영어명 Turnip

분류 십자화과 배추속

대표 생산지 강화도, 김포, 부여 등

순무와 사탕무는 무가 아니에요

순무와 사탕무는 무와 관계가 없어요. 그리고 순무와 사탕무도 서로 달라요. 순무는 배추의 친척이고, 사탕무는 근대의 친척이에요. 이름도, 겉보기도 비슷해서 헷갈릴 때가 많아요.

순무
숨겨진 이야기

순무는 1000년 전부터 기른 채소계의 대선배예요

순무는 삼국시대 때부터 재배하고 약용한 채소예요. 동의보감에도 기록되어 있답니다. 순무는 중국의 재래계와 유럽의 서구계, 그리고 중간계로 나눌 수 있어요. 그럼 강화도의 순무는 어느 쪽일까요? 1893년 영국의 해군 교관이 순무 두 종을 가져와 강화도에 심은 것이 토종 순무와 자연적으로 교잡한 것이라고 해요. 재래계와 서구계가 섞여 있어요.

맛있게 먹으려면 바로 잎을 잘라 내요

잎이 달린 순무는 그대로 냉장고에 넣지 마세요. 둥근 열매 부분의 수분을 잎이 빨아올려서 맛이 떨어지거든요. 순무는 즉시 잎을 잘라 내고, 흰 부분은 비닐봉지에 넣어서 냉장 보관하세요. 잎은 삶아서 냉장하거나 냉동 보관하면 돼요.

구미도는 이야기!

잎에도 영양이 듬뿍 있으니 통째로 먹어요!

순무의 둥근 부분에는 소화를 돕는 디아스타아제와 몸의 컨디션을 조절하는 비타민 C가 들어 있어요. 이 영양소를 효율적으로 섭취하려면 샐러드나 절임 등 날것으로 먹는 것이 좋아요.

의외일지도 모르지만, 순무는 잎 부분이 가장 영양이 풍부하답니다. 뼈와 치아를 튼튼하게 해 주는 칼슘은 둥근 부분의 약 열 배, 비타민 C는 약 네 배나 들어 있어요. 신선한 잎이 달린 순무를 샀을 때는, 잎으로 된장국을 끓여서 남김없이 먹어 보세요.

좋은 채소 고르기

잎이 선명한 녹색이다.

묵직하다.

갈라진 부분이나 상처가 없고 매끈매끈하다.

잎이 달린 것을 사야 영양이 더 풍부해요.

토끼는 사실 **당근**을
안 좋아한대요!

토끼가 당근을 무척 좋아할 것 같지요? 토끼 그림에도 당근을 가지고 있는 모습이 많이 있으니까요. 하지만 사실 토끼는 당근을 그렇게 좋아하지 않는답니다.

초원에서 사는 야생 토끼의 주식은 풀이에요. 그래서 토끼 맹장은 영양이 적은 풀을 분해해서 조금이라도 많은 영양을 섭취할 수 있도록 발달했어요. 토끼가 풀이 아닌 당근을 먹으면 영양을 과도하게 섭취하는 셈이고, 결국 배탈이 나고 만답니다.

채소 프로필

이름   당근

영어명   Carrot

분류   산형과 당근속

대표 생산지   제주도 등 전국

당근은 파슬리와 셀러리의 친척이에요

당근은 무나 우엉과 생김새는 비슷하지만, 아무 관계도 없어요. 당근은 파슬리나 셀러리, 미나리와 같은 산형과에 속해요. 그 증거로 당근의 이파리는 파슬리와 무척 비슷하답니다.

당근
숨겨진 이야기

당근에 있는 가로줄은 뿌리가 났던 흔적이에요

당근 그림을 진짜같이 그리려면 당근 안에 가로줄을 몇 개 그려 넣어 보세요. 그렇게만 해도 진짜 당근처럼 보인답니다. 실제로 진짜 당근에 가로줄이 있거든요. 이 가로줄은 가느다란 뿌리가 자라났던 흔적이에요. 밭에서 자라는 당근은 사방으로 뿌리를 내서 영양을 저장하지요.

껍질은 살짝만 벗겨요!

당근 껍질에는 영양소가 풍부해서 가능한 껍질을 얇게 벗겨서 먹는 게 좋아요. 큼직한 숟가락으로 표면을 긁거나 필러로 껍질을 얇게 깎아 보세요. 그러면 버려지는 부분을 줄일 수 있겠지요.

구미도는 이야기!

카로틴의 힘으로 피부도 튼튼, 면역력도 튼튼!

당근의 주황색은 카로틴이라는 성분의 색이에요. 카로틴에는 피부를 튼튼하게 해 주고 면역력을 높이는 효과가 있어요. 카로틴은 기름에 잘 녹아서, 올리브유나 버터 등으로 요리하면 영양소를 더 많이 몸에 흡수시킬 수 있지요. 카로틴은 사람 몸속에 들어오면 비타민 A로 변화해요.

또 당근 잎에도 카로틴과 비타민 E 등의 영양소가 잔뜩 들어 있어요! 비타민 E는 '회춘 비타민'이라고도 불릴 정도로 질병 예방에 도움이 되는 영양소랍니다.

좋은 채소 고르기

색이 짙고 표면이 매끈하며 윤기가 흐른다.

잎이 선명한 녹색이다. 잎이 잘린 경우에는 잘린 단면이 녹색이며 마르지 않은 것으로 고른다.

기름과 함께 요리하면 영양소를 더 많이 흡수할 수 있어요.

우엉은 세계 여러 지역에서 자라지만, 채소로 먹는 나라는 드물어요. 중국에서는 예로부터 우엉의 열매를 약으로 사용했지만, 뿌리를 먹는 습관은 없었어요.

우엉의 열매는 가시가 많아서 옷이나 동물의 몸에 잘 달라붙기 때문에, 중국에서는 악실(나쁜 열매)이라고 안 좋은 이름으로 불렀을 정도예요. 또 미국에서도 목장의 소 몸에 따끔따끔한 열매가 달라붙기 때문에 잡초라며 미움 받고 있어요.

채소 프로필

이름 우엉

영어명 Edible burdock

분류 국화과 우엉속

대표 생산지 안동, 진주 등

우엉의 꽃말은 '끈질기게 조르다'

해외에서 우엉은 뿌리보다 꽃이 더 유명해요. 우엉의 꽃말은 '끈질기게 조르다.'예요. 열매 모양 때문이겠지요? 역시 서양에서는 이미지가 별로 좋지 않나 봐요.

우엉
숨겨진 이야기

벨크로 테이프는 우엉 열매에서 힌트를 얻어 발명됐어요

운동화나 옷에 사용하는 벨크로 테이프는 한 번에 고정할 수 있어서 참 편리해요. 벨크로 테이프를 발명한 것은 스위스의 한 발명가예요. 산책할 때, 옷과 개의 털에 달라붙은 우엉 열매를 보고서 떠올렸대요.

껍질을 얇게 깎으면 더 맛있어져요

우엉은 껍질 바로 아래에 감칠맛과 향이 응축되어 있어요. 그러니 껍질은 최대한 얇게 깎는 것이 좋아요. 식칼 등을 대고 좌우로 움직여서 긁듯이 껍질을 깎아 내는 거예요. 또는 뭉친 알루미늄 포일로 우엉을 문지르면 쉽게 껍질을 벗길 수 있어요.

구미도는 이야기!

장을 튼튼하게 해 주는 식이 섬유가 잔뜩 들었어요!

우엉에는 변비 해소에 도움이 되는 식이 섬유가 많이 들어 있어요. 채소 중에서도 으뜸이라고 할 만큼 많지요. 그리고 올리고당도 많이 들어 있어요. 올리고당은 장내 유익균의 먹이가 되는 영양소예요. 그러니 우엉은 그야말로 배 속의 환경을 정비하는 데 큰 활약을 하는 채소라 할 수 있어요.

우엉은 자른 단면이 공기에 닿으면 갈색으로 변해요. 이 갈색의 정체는 폴리페놀이라는 노화 방지 성분이에요. 변색을 막기 위해 다듬은 우엉을 물에 담가 두곤 하는데, 폴리페놀이 빠져나가지 않도록 1~2분만 담가 두는 게 좋아요.

식이 섬유가 풍부하고 식감이 좋아요.

좋은 채소 고르기

흠집이나 갈라짐이 없다.
곧고 굵기가 균일하다.
수염뿌리가 적다.

오이는 사실
녹색 가면을 쓰고
위장한 거예요

오이의 옛날 이름은 무엇일까요? 오이가 익으면 노란색으로 변하는 걸 보고 황과(노란 박)라고 불렀대요. 늙어서 노란빛이 된 오이인 노각이 떠오른다고요? 맞아요. 옛날 사람들은 잘 익은 노란 오이를 먹었대요. 그런데 왜 지금은 초록 오이를 먹고 노란 오이를 늙었다고 하냐고요?

아마도 옛날 누군가가 시험 삼아 초록 오이를 먹어 보지 않았을까요? 먹어 보니 수분이 가득하고 맛도 좋아서 녹색일 때 수확해서 먹게 된 것이죠. 결론적으로 지금 우리가 먹고 있는 오이는 덜 익은 오이인 셈이지요.

채소 프로필 PROFILE

이름 오이

영어명 Cucumber

분류 박과 오이속

대표 생산지 천안, 상주, 진천 등

오이는 세상에서 가장 에너지가 적은 채소예요

약 95퍼센트가 수분으로 이루어진 오이는 세상에서 가장 에너지가 적은 채소예요. '에너지가 적다.'라는 것은 '칼로리가 낮다.'라는 뜻이에요. 다이어트에 좋겠지요?

오이
숨겨진 이야기

옛날 일본 사무라이는 오이를 먹지 않았대요

일본 에도 시대의 무사인 사무라이는 오이를 먹지 않았어요. 한 힘 있는 가문의 장식 모양이 오이 단면과 비슷했기 때문이래요.

떫은맛은 이렇게 없애요

오이에서 떫은맛을 느끼는 사람들이 있어요. 이건 오이에 든 쿠쿠르비타신 때문인데, 오이가 해충이나 초식 동물에게서 자신을 지키기 위해 만들어 낸 수단이에요. 오이의 꼭지를 자른 다음, 그 꼭지를 자른 단면에 빙글빙글 문지르고 물로 씻어 내세요. 이러면 떫은맛을 꽤 없앨 수 있답니다.

구미도는 이야기!

열사병을 예방하는 천연 스포츠 드링크!

수분으로 가득한 오이는 수분을 보충하기 딱 좋은 채소예요. 사람은 땀을 흘리면 수분과 함께 전해질(나트륨, 칼륨, 칼슘 등)이 몸속에서 빠져나가게 돼요. 전해질은 몸의 기능을 조절하는 물질이라서, 수분을 보충해도 전해질이 부족하면 열사병에 걸려요.

오이에는 전해질인 칼륨이 포함되어 있어요. 거기에 소금을 쳐서 먹으면 나트륨(염분)도 보충할 수 있지요. 스포츠 음료 속 성분과 똑같지요? 그런 점에서 오이는 천연 스포츠 음료라고 할 수 있답니다.

좋은 채소 고르기

짙은 녹색이다.

표면이 탱탱하고 돌기가 뾰족하다.
* 원래부터 돌기가 없는 품종도 있다.

여름 채소에는 수분이 많지요.

피망은 덜 익었을 때 먹어서 쓴맛이 나요

여러분은 피망을 좋아하나요? 안타깝지만 피망을 싫어하는 사람이 많아요. 그 이유는 바로 독특한 쓴맛 때문이에요. 실은 이 쓴맛은 피망이 아직 덜 익었기 때문에 나는 거예요. 덜 익은 녹색 피망은 동물에게 먹히지 않도록 쓴맛을 내서 몸을 지켜요. 하지만 다 익으면 빨갛게 변하면서 쓴맛은 사라지고 달콤한 맛이 나게 된답니다.

덜 익었을 때 수확을 당하는 데다 맛없다며 미움까지 받다니, 피망은 무척 불만일지도 모르겠어요….

채소 프로필

이름 피망

영어명 Sweet pepper

분류 가짓과 고추속

대표 생산지
진주, 평창, 춘천 등

친척인 파프리카는 완숙이라 달콤해요

파프리카는 피망의 친척이에요. 그런데 파프리카는 완벽히 익어서 달콤한 맛이 나요. 흔히 판매되는 빨간색, 주황색, 노란색 외에도 녹색, 보라색, 검은색, 흰색, 갈색 파프리카도 있답니다.

피망
숨겨진 이야기

'피망'이라는 이름은 프랑스어에서 따왔어요

피망은 고추의 일종이에요. 고추를 맵지 않게 개량한 것이지요. 피망이라는 말은 프랑스어로 고추를 의미하는 피망(Piment)에서 유래했어요. 또 영어로는 스위트 페퍼(달콤한 고추)라고 불리고 있지요.

피망은 자르지 않고 통째로 먹으면 안 써요!

피망의 쓴맛을 내는 성분은 가열하면 사라져요. 그런데 피망의 쓴맛을 내는 성분은 공기와 닿으면 사라지지 않고 남는 성질도 있어요. 그래서 자른 피망은 익혀도 쓴맛이 나지요. 그러니까 통째로 굽거나 데치면 피망도 쓰지 않답니다! 꼭 한번 시험해 보세요.

레몬보다 비타민 C가 많은 비타민의 왕!

비타민 C가 풍부한 식품으로는 흔히 레몬과 오렌지를 떠올릴 거예요. 그렇지만 레몬과 오렌지보다 피망에 훨씬 많은 비타민 C가 들어 있답니다. 또 몸속에서 비타민 A로 바뀌어 피부와 목구멍 점막 등을 튼튼하게 만들어 주는 카로틴도 풍부해요.

게다가 피망의 하얀 속과 씨에는 혈액 응고를 막는 피라진, 혈액 순환을 돕는 캡사이신 등의 좋은 성분이 가득해요. 하얀 속과 씨에도 영양이 풍부하니, 떼어 내지 말고 통째로 먹는 것이 좋겠지요.

좋은 채소 고르기

표면의 색이 짙고 윤기가 있으며 반점이나 흠집이 없다.

과육이 두툼하고 꼭지가 탱탱하다.

안쪽 흰 부분에도 영양분이 있다니 놀랍네요.

연근은 뿌리 근(根) 자를 쓰는데도 뿌리가 아니래요

연근은 한자로 '蓮根(연꽃 연, 뿌리 근)'이라고 적어요. 그래서 연근을 연꽃 뿌리라고 착각하는 사람이 많지만, 사실 연근은 연꽃의 땅속줄기예요. 땅속줄기란 말 그대로 땅속에 있는 식물의 줄기이지요.

연꽃은 연못에서 자라는 수생 식물로, 그 땅속줄기인 연근은 연못 밑바닥의 진흙 속에서 자라요.

뿌리처럼 보이지만 사실 땅속줄기인 채소로는 연근 말고도 토란과 감자 등이 있어요.

채소 프로필

이름 연근

영어명 Lotus root

분류 연꽃과 연꽃속

대표 생산지 대구, 함안 등

연꽃이 지면 벌집이 나타난다고요?

연꽃이 진 다음에 남는 부분을 '꽃받기'라고 해요. 연꽃의 꽃받기는 벌집과 무척 비슷하게 생겼답니다. 벌집 같은 구멍 안에 하나씩 열매가 맺히지요.

연근
숨겨진 이야기

연근 구멍의 개수가 정해져 있다고요?

연근의 구멍은 보통 열 개가 있어요. 성장 조건에 따라 달라지기도 하지만, 대부분 연근은 한가운데에 구멍이 하나 있고, 그 주위로 아홉 개의 구멍이 있어요. 물 위로 나온 잎에서부터 연못 밑바닥으로 공기를 보내는 구멍이 뚫려 있는 거예요.

변색을 막으려면 물에 담가요
식초 물에 담그면 아삭해져요

연근을 자르면 곧 거무튀튀하게 변해요. 연근 속 탄닌이 산소와 화학 반응을 일으키기 때문이에요. 변색을 막으려면 연근을 자른 다음 바로 물에 담그면 돼요. 식초를 푼 물에 담그면 더욱 하얘지며 식감도 아삭아삭해져요.

피부에 좋은 비타민 C를 잔뜩 섭취할 수 있어요!

연근은 몸의 컨디션을 조절하고 기미와 주근깨도 예방해 주는 비타민 C가 풍부해요. 비타민 C는 삶을 때 잘 빠져나가는 영양소이지만, 연근의 비타민 C는 전분이 지키고 있어서 삶아도 잘 빠져나가지 않는대요.

게다가 연근에 들어 있는 탄닌이라는 성분에는 피부를 보호하고 하얗게 만드는 효과가 있어요. 변비 해소에 도움을 주는 식이 섬유도 많이 들어 있으니, 연근을 많이 먹으면 피부가 좋아지겠지요?

고구마를 먹고 뀌는 방귀는 냄새가 독하지 않아요

왜 고구마를 먹으면 방귀가 잘 나올까요? 우리 몸의 장 속에는 몸에 좋은 유익균과 몸에 나쁜 유해균이 있어요. 음식을 먹으면 이 세균들이 활동하면서 방귀가 발생하지요. 고구마를 먹으면 유익균이 활발해지면서 약한 냄새의 방귀가 자주 나와요.

그런데 내가 고구마를 먹고 뀐 방귀 냄새는 왜 지독하냐고요? 그건 계란, 고기 등 황화수소를 만드는 음식을 먹었기 때문이에요. 단백질을 분해할 때 생기는 황화수소가 방귀 냄새를 고약하게 하거든요. 고구마 때문에 냄새가 지독한 게 아니라, 미리 먹은 음식 때문에 냄새가 고약한 거예요.

채소 프로필 PROFILE

이름 고구마

영어명 Sweet potato

분류 메꽃과 나팔꽃속

대표 생산지 해남, 무안, 김제 등

고구마는 북아메리카에서 일본을 통해 전해졌어요

북아메리카가 원산지인 고구마는 일본을 통해 전래되었어요. 중국을 거친 게 아니라 특이하죠? 우리나라 땅과 비슷한 대마도에서 잘 자라는 걸 보고 가져와 키우게 되었대요.

고구마
숨겨진 이야기

군고구마가 맛있는 것은 효소 덕분이에요!

군고구마는 무척 달콤해요. 이 단맛은 고구마 속 효소 때문이에요. 고구마를 느긋하게 천천히 구우면, 효소가 고구마에 들어 있는 전분을 분해해 달콤한 엿당으로 바꿔 주거든요.

밤고구마, 호박고구마, 물고구마? 고구마는 다양한 종류가 있어요

고구마는 종에 따라 맛과 식감, 전분 함량 등이 각기 달라요. 포슬포슬한 맛이 좋다면 밤고구마를, 달콤한 맛이 좋다면 꿀고구마를 고르세요. 이 밖에도 식감과 당도 등이 다양한 여러 가지 고구마가 있으니 이것저것 먹어 보고 비교해 보세요.

구이도는 이야기!

풍부한 영양소로 몸 안팎을 깨끗하게 해 줘요

고구마는 아주아주 달콤해서 살이 찔 것 같지만, 쌀이나 밀가루보다 칼로리가 낮아요. 그리고 몸에 좋은 영양소가 가득하죠!

고구마에 들어 있는 비타민 E는 노화를 늦추는 효과가 있어요. 또 폴리페놀이라는 성분은 피부를 깨끗하게 하는 효과가 있지요. 그리고 장 활동을 조절해서 변비 해소에 도움을 주는 식이 섬유도 잔뜩 들어 있어요. 고구마에는 우리 몸에 필요한 영양소가 대부분 들어 있어서 '준 완전식품'이라고 불려요. 맛도 좋고 건강에도 좋지요.

좋은 채소 고르기

만져 보면 단단하다.

울퉁불퉁한 부분이 적고 표면이 매끄럽다.

껍질 색이 선명하고 윤기가 있다.

달고 맛있는데 칼로리도 낮아요.

채소 칼럼

스파이를 찾아라!
채소 분류 퀴즈

채소는 종류가 무척 많고 친척 관계도 복잡해요. 겉모습만 보고는 같은 부류인지 구별하기 쉽지 않지요. 다음 퀴즈에는 네 가지 채소 중 혼자만 다른 과인 채소가 마치 친척인 양 숨어 있어요. 어디 한번 스파이를 골라내 볼까요?

1번
❶ 감자 ❷ 고구마 ❸ 토마토 ❹ 가지

힌트 ▶ 뿌리를 먹는 채소예요.

2번
❶ 양배추 ❷ 배추 ❸ 양상추 ❹ 순무

힌트 ▶ 이름에 속으면 안 돼요!

3번
❶ 부추 ❷ 미나리 ❸ 당근 ❹ 셀러리

힌트 ▶ 이파리 부분의 모양을 떠올려 보세요.

4번
❶ 수박 ❷ 딸기 ❸ 멜론 ❹ 오이

힌트 ▶ 배꼽을 찾아봐요.

정답
1번: ❷ 고구마(메꽃과), 나머지는 가지과.
2번: ❹ 순무(십자화과), 나머지는 국화과.
3번: ❶ 부추(수선화과), 나머지는 산형과.
4번: ❷ 딸기(장미과), 나머지는 박과.

3 장

잎에는 잎만의 사정이 있어요

양배추는 고대 그리스 시대부터 먹었던 채소예요. 원래는 잎이 펼쳐져서 자라는 채소였지만, 인간이 개량을 거듭하는 사이에 지금처럼 잎이 겹쳐진 둥근 모양이 되었어요. 잎이 빽빽하게 들어차 있으면 옮길 때 흠집이 잘 나지 않고 곤충의 피해가 줄어든다는 장점이 있어요.

양배추의 잎은 계절에 따라 둥글어지는 방식이 달라요. 겨울 양배추는 잎이 딱 맞게 겹쳐져서 묵직하게 자라요. 반면 봄에는 잎이 느슨하게 겹쳐진 봄 양배추가 되지요. 물론 둘 다 맛있어요.

채소 프로필

이름 양배추

영어명 Cabbage

분류 십자화과 배추속

대표 생산지 해남, 진도, 제주도 등

양배추의 심지는 줄기라 수확하지 않으면 자라나요

양배추의 단단한 심지는 사실 줄기예요. 양배추를 수확하지 않고 계속 키우면 줄기 끝이 자라면서 꽃을 피우지요.

양배추
숨겨진 이야기

양배추는 날것으로 먹으면 더 좋아요!

돈가스에 곁들이는 음식이라 하면 잘게 채 썬 양배추 샐러드가 떠올라요. 세계 어디를 가도 돈가스에는 양배추가 딸려 나와요. 양배추는 날것으로 먹는 게 익혀 먹는 것보다 건강에 좋대요.

물에 적신 키친타월로 양배추를 오래 보관해요

통째로 산 양배추는 조금만 신경 쓰면 오래 보관할 수 있어요. 그 방법은 바로 심지를 식칼로 파낸 다음 그곳에 물에 적신 키친타월을 넣고 비닐봉지에 밀봉하는 거예요. 이렇게 해서 냉장고에 넣어 두면 신선한 상태로 오래 보관할 수 있어요.

구미도는 이야기!

3장 잎에는 잎만의 사정이 있어요

씩씩한 채소 이야기

피타고라스도 주목한 양배추의 뛰어난 효능

양배추에는 위장 상태를 조절하는 비타민 U와 소화를 돕는 디아스타아제라는 성분이 듬뿍 들어 있어요. 그래서 자주 속이 쓰리거나 위가 약한 사람은 양배추를 자주 먹는 것이 좋답니다.

양배추의 효능은 예로부터 잘 알려져 있었는데, 고대 그리스 시대에는 양배추를 약초로 사용했대요. 게다가 유명한 수학자인 피타고라스는 '마음을 차분하게 만들고 활력을 가져다주는 채소'라며 양배추를 칭송했다고 해요.

좋은 채소 고르기

봄 양배추

잎이 느슨하게 말려 있으며 탄력이 있다.
밑동의 잘린 단면이 깨지지 않고 싱싱하다.

겨울 양배추

잎이 단단하게 말려 있으며 묵직하다.

배추는 겨울이 되면
끈으로 꽁꽁 묶여요

배추는 겨울에도 자라는 채소예요. 겨울철 밭에서 자라는 모습을 보면, 끈으로 꽁꽁 묶여 있어요. 배추가 밭에서 도망가는 것도 아닌데, 어째서일까요?

배추를 묶는 것은 서리로부터 잎을 지키기 위해서예요. 잎에 서리가 내려앉거나 기온이 너무 떨어지면 배추가 시들어 버리거든요. 그것을 방지하기 위해서 가장 바깥쪽 잎으로 안쪽 잎을 감싸듯이 묶어 주는 거예요. 수확할 때는 끈을 풀면서 겉잎을 같이 떼어 내요.

그런데 요즘에는 힘들게 묶지 않아도 되도록, 잎으로 감싸기 좋게 개량된 품종도 있어요.

채소 프로필 PROFILE

이름 배추

영어명 Chinese cabbage

분류 십자화과 배추속

대표 생산지
평택, 예산, 강릉 등

배추는 영어로 '중국 양배추'

배추는 영어로 'Chinese cabbage(중국 양배추)'라고 불러요. 양배추와 식물학적 분류도 같은 친척입니다. 하지만 완전히 같지는 않아요. 배추는 청경채나 순무하고 더 가깝답니다.

배추
숨겨진 이야기

일본의 배추는 병사들이 가져온 씨앗이 시초예요

일본에 배추가 전해진 것은 약 120년 전. 중국과 러시아로 전쟁을 하러 갔던 병사들이 씨앗을 가지고 돌아온 것이 시초예요. 전쟁은 슬픈 일이지만 전쟁 때문에 여러 문화가 교류되기도 해요. 꼭 배추처럼요.

배추의 검은 점은 주근깨 같은 거예요

배춧잎의 흰 부분에 검은 점이 있을 때가 있어요. 이건 더럽거나 상한 게 아니에요. 영양을 지나치게 섭취해서, 수확 시기가 너무 빠르거나 늦어서 등 어떠한 이유로 배추가 스트레스를 받았을 때 검은 점이 생기는 것이랍니다. 사람으로 치면 기미나 주근깨 같은 것이니, 먹어도 괜찮아요!

구미도는 이야기!

씩씩한 채소 이야기

비타민 C가 듬뿍!
끓여도 영양은 그대로예요

배추는 우리나라의 대표 채소예요. 김치를 만드는 데 필수적인 재료라, 작황이 좋지 않을 때는 배추를 구하려는 사람들로 배추 파동이 일어나기도 하지요. 언제나 우리 밥상을 지키는 고마운 채소입니다.

배추에는 비타민 C와 식이 섬유, 칼슘 등이 풍부하게 들어 있어 건강에 아주 좋아요. 게다가 요리 후에도 영양소 손실이 적은 편이라 배추김치 외에도 국, 찌개 등에 넣어 익혀 먹어도 좋지요. 익힌 배추에 간이 쏙 배어들어 감칠맛도 더욱 살아난답니다.

좋은 채소 고르기

흰 부분이 누렇지 않고 싱싱하다.

김치는 세계 5대 건강식품 중 하나예요.

잘라서 파는 것은 단면이 부풀지 않은 것을 고른다.

시금치는 성별을 알기도 전에 먹혀 버려요

시금치에는 수꽃을 피우는 수그루와 암꽃을 피우는 암그루가 있어요. 보통 식물은 하나의 꽃에 암술과 수술이 있거나, 하나의 그루 안에 암꽃과 수꽃이 있지요. 시금치처럼 그루가 암수로 나뉜 채소는 무척 드물어요.

그런데 시금치에 꽃이 피기 전에는 수그루인지 암그루인지 알 수 없어요. 하지만 시금치는 꽃을 피우기 전에 수확하기 때문에, 암수를 모른 채 사람에게 먹혀 버리고 만답니다.

이름   시금치

영어명   Spinach

분류   비름과 시금치속

대표 생산지
남양주, 포항, 순천 등

밭의 시금치를 위에서 보면 장미꽃 모양이에요

밭에서 기르는 시금치를 위에서 내려다보면 마치 장미꽃처럼 잎이 펼쳐져 있어요. 이 형태는 장미(Rose) 모양의 장식을 의미하는 '로제트'라고 불려요.

시금치
숨겨진 이야기

서아시아에 있던 나라 '페르시아'가 이름의 유래

시금치를 파릉채(菠薐菜)라고 부르기도 하는데, 파릉은 페르시아(현재의 이란)를 뜻하는 한자예요. 페르시아에서 중국을 통해 우리나라로 와서 이름이 그렇게 붙었어요.

페르시아고양이

데친 시금치를 식히는 이유는?

시금치는 살짝 데친 다음 바로 흐르는 물에 식히는 것이 맛있게 먹는 비결이에요. 이렇게 함으로써 녹색이 선명해지고 떫은맛도 제거되지요. 시금치의 떫은맛에 포함된 옥살산은 물에 녹는 성질이 있어요. 그래서 끓는 물에 데치고 찬물로 헹구면 떫은맛이 사라지는 거예요.

구미도는 이야기!

겨울에 가장 맛있고 영양이 풍부한 독특한 채소예요!

겨울에 수확하는 시금치는 여름에 수확하는 것보다 더 달콤하고 영양도 세 배 정도 더 많아요. 왜냐하면 겨울 시금치는 추위 때문에 잎 속의 수분이 얼지 않도록 영양을 잔뜩 저장하기 때문이에요.

시금치에는 혈액을 만드는 데 꼭 필요한 엽산, 혈액의 재료가 되는 철분이 풍부해서 빈혈 예방에 도움이 돼요. 또 눈과 피부의 건강을 지켜 주는 카로틴과 몸의 컨디션을 조절해 주는 비타민 C도 많이 들어 있어요.

잡채나 김밥에 시금치가 들어 가는 건 아이가 건강하길 바라는 엄마의 마음일 거예요.

양상추는 쓴 우유로 벌레로부터 몸을 지켜요

양상추의 밑동을 식칼로 자르면 우유 같은 흰 액체가 나와요. 이 흰 액체를 핥아 보면 깜짝 놀랄 정도로 무척 써요. 양상추는 벌레가 자신을 갉아 먹지 않도록 하기 위해 이 쓴맛이 나는 액체를 가지게 되었어요. 자기 몸을 지키려는 똑똑한 방법이에요.

양배추의 영어 이름 'Lettuce'의 어원은 라틴어 'Lactuca'로 이 하얀 액체가 우유(Lac)와 닮았다고 지어진 이름이래요. 고대 그리스에서는 건강과 숙면을 불러오는 채소라고 하면서 즐겨 먹었대요.

이름 양상추

영어명 Lettuce

분류 국화과 왕고들빼기속

대표 생산지 하동, 횡성 등

다른 국화과 채소도 줄기에서 흰 액체가 나와요

줄기에서 우유 같은 흰 액체가 나오는 것은 국화과 식물의 특징이에요. 국화과인 쑥갓도 줄기를 자르면 흰 즙이 나와요.

양상추 숨겨진 이야기

양상추는 싹을 틔울 때 무척 신중해요

양상추 씨앗을 심을 때 흙을 너무 많이 덮으면 싹이 나지 않아요. 씨앗에 빛이 닿지 않으면 싹이 나지 않기 때문이에요. 이런 성질이 있는 씨앗을 '광발아 종자'라고 하는데 담배, 무화과 등도 그렇답니다. 빛을 가로막는 것이 없는 자라기 좋은 장소라는 사실을 확인한 뒤에 싹을 틔우다니, 양상추는 무척 신중한 채소예요.

식칼을 쓰지 말고 손으로 찢어요

양상추는 식칼로 자르면 자른 부분이 갈색으로 변해 버려요. 이는 양상추의 세포에 포함된 물질이 식칼의 철과 산소에 닿아 화학 반응을 일으키기 때문이에요. 스테인리스 식칼을 사용하면 변색을 약간 줄일 수 있고요. 아예 변색을 막고 싶다면 손으로 찢는 것이 가장 좋아요.

구미도는 이야기!

씩씩한 채소 이야기

뼈를 튼튼하게 하려면 양상추를 볶아 먹어요

양상추는 90퍼센트 이상이 수분이지만, 뼈를 튼튼하게 하는 칼슘과 칼슘을 뼈에 흡수시키는 비타민 K도 들어 있어요. 칼슘은 기름과 함께 섭취하면 흡수율이 더욱 높아진답니다! 양상추는 보통 샐러드로 먹는 게 좋다고 생각하지만, 영양을 위해 기름에 볶아 먹는 것을 추천해요.

양상추는 종류가 무척 많아요. 대표적인 양상추는 통상추인데 양상추처럼 동그란 모양을 하고 있어요. 우리가 양상추 대용으로 주로 쓰는 로메인은 비슷한 종류 같지만 조금 달라요. 배추처럼 타원형으로 자라고 잎은 상추처럼 떨어져 자란답니다.

좋은 채소 고르기

잎에 윤기가 흐르고 짙은 녹색이다.

양상추를 기름에 볶으면 영양이 더 잘 흡수돼요.

잘라서 파는 것은 단면이 부풀지 않은 것을 고른다.

잎이 풍성하고 느슨하게 말려 있다.

대파는 자라나도 다시 땅에 파묻혀요

3장 잎에는 잎만의 사정이 있어요

파에는 흰색 부분이 많고 굵은 대파와, 녹색 부분이 많고 가느다란 쪽파가 있어요. 대파와 쪽파는 서로 다른 종류이지요.

대파 아랫부분이 흰색인 것은 땅속에 파묻혀 자라기 때문이에요. 파가 자라날 때마다 농부가 흙을 덮어 햇빛을 받지 못하도록 해요. 그 때문에 흰색 부분이 많은 파가 되는 것이지요. 대파의 녹색 부분은 상대적으로 식감이 좋지 않아 사람들이 흰 부분을 선호해 그렇게 키워요. 열심히 자라고 있는데 햇볕을 마음껏 쬐지 못하다니, 대파가 좀 가엾네요.

채소 프로필 PROFILE

이름 파

영어명 Welsh onion

분류 수선화과 부추속

대표 생산지 남양주, 고양, 신안 등

대파의 흰 부분은 줄기가 아니라 잎

대파의 흰 부분은 줄기이고 녹색 부분은 잎이라고 생각하지 않았나요? 사실 파의 먹는 부분은 전부 다 잎이랍니다.

파
숨겨진 이야기

파 잎은 안쪽이 앞면이고 바깥쪽이 뒷면이에요

파의 잎은 고무호스처럼 길고 가느다란 형태로, 안쪽은 비어 있어요. 잎이 안쪽으로 말리면서 현재와 같은 모양이 되었기 때문이에요. 파 원통의 안쪽은 원래 파 잎의 앞면이고 바깥쪽 부분이 원래 잎의 뒷면이에요. 뒷면이 그대로 보이다니, 신기한 잎이지요.

매운맛을 느끼려면 생으로, 달콤한 맛을 느끼려면 익혀 먹어요

생파는 매운맛이 있어서, 이런저런 요리에 잘 어울리는 고명이에요. 하지만 신기하게도 파를 익히면 매운맛은 사라지고 달콤해진답니다. 대파를 약불에서 중불로 천천히 구우면 달콤한 맛이 훨씬 강해져요.

구미도는 이야기!

3장 잎에는 잎만의 사정이 있어요

씩씩한 채소 이야기

흰 부분도 초록 부분도 감기 예방, 피로 회복의 강력한 지원군!

파의 흰 부분과 초록 부분은 들어 있는 영양소가 서로 달라요. 파의 흰 부분에는 알리신이라는 성분이 많이 들어 있는데, 알리신은 살균과 항균 작용을 합니다. 또 식욕을 증진하고 피로를 회복하는 효과도 있지요.

파의 초록 부분은 피부나 목의 점막을 건강하게 만들어 주는 카로틴, 치아와 뼈를 튼튼하게 해 주는 칼슘이 풍부해요. 또 초록 잎 안쪽의 미끈미끈한 진액은 만난이라는 성분인데, 위 건강을 돕는 효과가 있어요. 파는 흰 부분에도 초록 부분에도, 몸에 좋은 영양소가 가득하답니다.

좋은 채소 고르기

대파
- 만져 보면 탄력이 있고 단단하게 말려 있다.
- 흰 부분이 새하얗고 초록 부분과 확실하게 구분된다.

쪽파
- 색이 선명하고 윤기가 있다.

채소 칼럼

추위를 견디며 맛있어져요

 옛날에는 눈이 많이 오는 지방에서 배추, 무, 당근 등의 채소를 겨울까지 수확하지 않고 그대로 눈 속에 두거나, 가을에 수확한 채소를 눈 밑에 묻어 보관하기도 했어요. 눈 속은 온도가 낮으니까, 그 안에 있는 채소는 얼어 버리지 않도록 당분을 축적해요. 당분이 많으면 세포가 잘 얼지 않기 때문이에요. 따라서 눈 속에서 겨울을 견딘 채소들은 더욱 달콤하고 맛있어진답니다. 그 채소를 '월동채소'라고 부르지요.

눈이 쌓인 무 밭

눈 속에서 파낸 양배추

4 장

수수한 외모 뒤에 숨겨진 힘

숙주는 비리비리하지 않아요

숙주는 머리는 크지만 몸은 얇고 여릿하지요. 가녀리고 힘이 없어 보여요. 하지만 숙주는 그런 평가를 받으면 억울할 거예요. 왜냐하면 숙주는 영양이 듬뿍 담긴 무척 든든한 채소이기 때문이에요. (콩나물도 그렇지만요.) 콩나물에 비하여 열량은 떨어지는 편이나 비타민 A는 콩나물보다 훨씬 많아요. 힘도 세고, 다이어트와 미용에도 효과가 좋은 채소라고 할 수 있어요.

그런데 숙주는 이름이 무척 특이하죠? 여기에는 역사 속 숨겨진 이야기가 있어요. 세조 때 신숙주라는 사람이 단종을 따르는 신하들을 죽게 만들었어요. 신숙주가 미웠던 백성들이 그때부터 이 나물을 숙주라 불렀대요. 만두소에 숙주를 짓이겨서 넣으니까요.

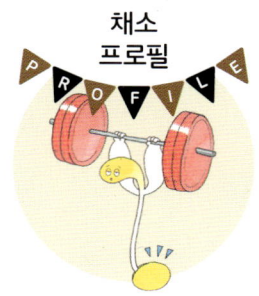

채소 프로필

이름 숙주

영어명 Bean sprouts

분류 콩과 동부속

대표 생산지 경기도 광주, 합천 등

먹을 수 있는 새싹은 여러 가지예요

무, 메밀, 해바라기, 겨자 등 씨앗에서 발아한 새싹을 먹는 채소가 있어요. 이들을 통틀어서 '새싹 채소'라고 불러요. 발아한지 일주일 정도 된 어린 싹에는 영양분이 세 배 이상 높대요.

숙주
숨겨진 이야기

숙주는 녹두의 싹, 콩나물은 콩의 싹!

숙주는 녹두에서 난 싹으로, 그늘에서 씨앗에 물을 주며 발아시킨 거예요. 어디서 들어봤다고요? 맞아요. 콩나물도 그렇지요. 콩에서 자란 싹을 콩나물이라고 부르면서 우리는 먹고 있어요.

숙주는 냉장고에서 온도가 낮은 채소칸이나 안쪽에 놓아요

숙주는 상하기 쉬운 채소예요. 냉장고 안에서도 성장을 계속하기 때문이지요. 냉장고에 보관할 때는 냉장고 안에서도 온도가 더 낮은 곳을 추천해요. 문쪽은 문을 열고 닫으면서 온도가 높아지니 채소칸이나 더 깊숙한 곳에 넣으세요.

구이도는 이야기!

씩씩한 채소 이야기

발아하면서 영양도 쑥쑥! 비타민 C가 풍부해져요

숙주는 발아하면서 녹두였던 때보다 비타민 C가 더 많아져요. 또 소화를 도와 위장의 상태를 좋게 만드는 아밀라아제도 생기지요.

콩나물에는 몸을 구성하는 단백질, 녹두에서 발아한 숙주에는 몸의 에너지원이 되는 탄수화물이 들어 있어요. 이렇게 콩마다 가진 본래의 영양에다 발아하면서 생긴 새로운 영양까지 더해지면 그야말로 영양 만점이에요. 게다가 가격까지 저렴하니 더할 나위 없지요. 비타민 손실을 막고 아삭아삭한 식감을 유지하기 위해서는 짧은 시간에 빠르게 조리해 먹는 것이 좋아요.

좋은 채소 고르기

싱싱하다.

줄기가 하얗고 끝이 많이 벌어지지 않았다.

숙주는 보기와 달리 영양 만점이랍니다.

풋콩은 이름 그대로 '덜 익은 콩'이에요

사실 풋콩이라는 이름의 식물은 없어요. 풋콩은 꼬투리가 완전히 여물기 전에 수확한 콩으로, 덜 익은 콩이랍니다. '덜 익었다면 영양도 적지 않을까?'라고 생각할지도 모르지만, 풋콩에는 다 자란 대두에는 없는 비타민 C가 풍부해요. 그 밖에도 단백질과 비타민 B1, 칼륨 등의 영양소도 듬뿍 들어 있어요. 그래서 고혈압이나 당뇨병을 앓고 있는 환자의 간식으로 좋아요.

깍지째 삶아 먹거나, 까서 밥에 넣어 먹거나, 샐러드로 먹는 등 다양한 방법으로 먹어 보아요.

채소 프로필 PROFILE

이름 풋콩

영어명 Green soybeans

분류 콩과 콩속

대표 생산지 청주, 나주, 예천 등

줄기에 달린 채로 파는 이유는 무엇인가요?

풋콩은 줄기에 매달린 상태로 판매하는 경우가 있어요. 어째서일까요? 풋콩을 줄기에서 떼어 버리면 맛이 떨어지기 때문이에요. 아니면 얼려서 팔기도 해요.

풋콩
숨겨진 이야기

뿌리 안에 붉은 피가 흐른다고요?

풋콩 뿌리에는 작은 혹 같은 것이 잔뜩 달려 있어요. 이것을 '뿌리혹'이라고 하는데, 뿌리혹 박테리아라는 작은 세균의 둥지예요. 뿌리혹을 자르면 옅은 붉은색이 배어나요. 이것은 뿌리혹 안에 산소를 옮기는 혈액과 비슷한 물질이 있기 때문이에요.

풋콩을 맛있게 삶으려면 소금을 쳐서 문지르는 것이 포인트!

풋콩을 줄기에서 떼어 낸 다음 콩깍지 끄트머리를 살짝 잘라요. 삶기 전에 소금을 한 작은술 정도 뿌리고 문지르는 것이 맛있게 삶는 비결! 삶을 때는 물 1리터당 소금 두 큰술을 넣고, 물이 끓으면 풋콩을 넣고 3분에서 5분 정도 삶으면 돼요.

구미도는 이야기!

씩씩한 채소 이야기

일사병을 예방하는 효과가 있어요

 풋콩은 어른들이 맥주 안주로 즐겨 먹는데, 그 이유는 맛있기 때문만은 아니에요. 풋콩에는 알코올을 분해하는 비타민 B1과 비타민 C, 간의 부담을 줄여주는 메티오닌이라는 성분이 들어 있어서, 숙취를 예방하는 효과가 있답니다.

 술을 마시지 않는 사람에게도 비타민 B1과 비타민 C는 무척 중요해요. 비타민 B1은 피로 회복에 도움이 되고, 비타민 C는 피부를 기미나 주근깨로부터 지켜 줘요. 풋콩의 힘으로 여름 더위와 햇빛에도 지지 않는 건강한 몸을 만들어 봐요.

좋은 채소 고르기

콩깍지가 진하고 선명한 녹색이다.

잘 부풀었고 크기가 고르다.

풋콩과 맥주는 영양학적으로도 궁합이 아주 좋아요.

피라미드는 **마늘** 덕분에 완성되었다 해도 과언이 아니에요

피라미드는 아주 옛날에 지어진 이집트 왕의 무덤이에요. 무겁고 거대한 돌을 수도 없이 옮겨서 쌓아 올리는 작업이었죠. 무척 힘든 노동이었을 테지요. 피라미드 공사 현장에서 일하는 사람들에게는 매일 마늘과 양파가 나누어졌다고 해요. 피라미드 안에는 일하는 사람들이 마늘을 먹는 모습을 그린 벽화도 있어요.

마늘에는 알리신이라는 기운이 나게 하는 영양소가 들어 있어요. 옛날 이집트 사람들도 분명 힘든 일을 극복하기 위해 마늘을 먹고 힘을 냈던 것이겠지요.

채소 프로필 PROFILE

이름 마늘

영어명 Garlic

분류 수선화과 부추속

대표 생산지 서산, 의성, 단양 등

단군 신화 속에 등장하는 채소예요

모두가 다 아는, 마늘과 관련된 오래된 이야기도 있지요. 사람이 되기를 원한 곰과 호랑이에게 쑥과 마늘을 백 일 동안 먹으라고 한 '단군 신화'요. 마늘은 그만큼 오래전부터 우리나라 사람들이 재배해서 먹었던 채소입니다.

마늘
숨겨진 이야기

유해균을 해치우는
강력한 마늘의 힘!

마늘은 항균 효과가 강해서, 대장균과 살모넬라균 등의 식중독균을 억제해 줘요. 옛날 유럽에서 티푸스라는 전염병이 유행했을 때, '마늘을 파는 사람만 옮지 않았다.'라는 말이 있었을 정도예요.

도마와 식칼에 밴
마늘 냄새를 없애는 방법은?

마늘을 썰면 식칼과 도마에 마늘 냄새가 배어서 좀처럼 지워지지 않아요. 그럴 때 식초를 사용하면 냄새를 편하게 지울 수 있어요. 두 배의 물로 희석한 식초를 키친타월에 묻혀 닦아 내면 냄새가 없어져요. 당분이 적은 식초를 사용해야 해요.

구미도는 이야기!

마늘의 강력한 살균력은 인간의 잠재력을 끌어내요!

기름에 볶기만 해도 식욕을 돋우는 마늘 냄새. 이 냄새는 앞에서 말한 알리신 때문이에요. 알리신에는 강력한 살균력과 항균력이 있어요. 게다가 면역력을 높여서 감기나 암 등의 병을 예방하는 데도 도움이 되지요.

그런데 알리신은 어떻게 면역력을 높여 주는 걸까요? 사실 알리신의 강력한 살균력은 인간의 몸에 약한 독처럼 작용해요. 그래서 마늘을 먹으면 몸 안에 침입한 악당을 내쫓으려는 면역력이 활발해지고, 그 결과 건강해지는 것이지요. 그러니까 마늘이 인간의 몸에 본래 내재한 힘을 끌어내는 셈이에요.

좋은 채소 고르기

표면이 축축하지 않다.

알이 굵다.

마늘 냄새는 몸에 좋은 성분이었네요.

양파는 살아남기 위해 둥글어졌어요

4장 수수한 외모 뒤에 숨겨진 힘

우리가 먹는 양파는 잎이 하나하나 겹쳐져서 둥글게 바뀐 것이에요. 양파가 탄생한 곳은 건조한 중동. 물이 꼭 필요한 채소에게는 힘든 환경이지요. 그래서 양파는 살아남기 위해 잎의 밑동에 물과 영양을 저장하게 되었어요. 두툼해진 잎을 겹치다 보니 공 같은 모양이 된 것이지요.

그렇게 어렵게 살아남은 양파에는 몸에 좋은 영양분이 가득해요. 마늘과 마찬가지로 피로 회복과 살균, 항균 작용이 있는 알리신이라는 성분도 들어 있어요.

채소 프로필 PROFILE

이름 양파

영어명 Onion

분류 수선화과 부추속

대표 생산지 무안, 고흥, 신안 등

양파도 마늘도 석산의 친척이에요

양파는 산에서 아름다운 꽃을 피우는 석산(돌마늘)과 가까운 식물이에요. 그 밖에도 부추, 달래, 염교 등이 같은 종류이지요.

105

양파
숨겨진 이야기

양파 껍질로 옷을 노랗게 물들일 수 있어요

양파의 갈색 껍질을 이용해서 천을 물들일 수 있어요. 방법은 간단해요. 양파 껍질을 삶은 갈색 물에 천을 적셔요. 그다음, 명반을 녹인 따뜻한 물에 30분 정도 담가 둔 다음 헹구면 완성. 명반은 약국에서 구입할 수 있어요.

양파 때문에 울지 않으려면 썰기 전에 차게 식혀요

양파는 상처를 입으면 자기 몸을 지키기 위해 자극 물질을 내보내요. 이 자극 물질은 온도가 낮으면 잘 나오지 않아요. 그러니 양파를 냉장고에서 차게 식힌 다음 썰으세요. 그러면 양파를 썰어도 눈물을 흘리지 않을 수 있어요.

구이도는 이야기!

혈액 순환에 좋은 양파, 더 높은 효과를 기대한다면 생으로 먹어요

양파에서 나는 매운맛은 알리신 때문이에요. 알리신은 비타민 B1이 잘 흡수되도록 해 주어 피로 회복에 도움이 돼요. 또 혈액 순환을 좋게 해 주므로 병을 예방하는 데에도 도움이 되지요.

단, 알리신은 열에 약하기 때문에 혈액 순환 효과를 기대한다면 생으로 먹는 것이 제일 좋아요. 4월에 수확한 햇양파는 매운맛이 적으므로 생으로 먹기 편해요.

또 양파를 익힐 때는 기름에 볶는 것을 추천해요. 기름과 함께 있으면 알리신이 잘 분해되지 않거든요.

양파의 혈액 순환 효과는 유명하지요.

좋은 채소 고르기

줄기에 구멍이 없다.

표면의 얇은 껍질에 윤기가 있고 축축하지 않다.

누군가 매운 음식을 헥헥거리며 먹는 모습을 본 적 있죠? 사실 고추가 들어간 요리는 맵기만 한 것이 아니에요. 입 안이 뜨거워지고 혀가 따끔따끔 아프게 되지요.

우리는 음식 맛을 혀 표면에 있는 세포로 느껴요. 하지만 고추의 매운맛 성분인 캡사이신은 혀의 표면보다 더 안쪽에 있는 세포에 도달해야만 맛을 감지할 수 있어요. 이 세포는 열과 통증을 느끼기 때문에, 매움과 뜨거움과 아픔을 동시에 느끼게 되는 것이지요.

채소 프로필

이름 고추

영어명 Red pepper

분류 가짓과 고추속

대표 생산지 밀양, 진주, 창녕 등

고춧가루는 의외로 최근에 만들어졌어요

우리나라 음식 여기저기에 사용되는 고춧가루. 하지만 옛날 사람들은 고추에 독이 들었다고 생각해서 먹지 않았대요. 그러다 19세기 초반부터 김치에 고춧가루를 넣어 먹기 시작한 후 고추는 선풍적인 인기를 얻었어요.

고추
숨겨진 이야기

고추는 먹힐 상대를 고르는 거예요

붉게 익는 열매는 눈에 잘 띄는 색을 이용해서 동물에게 먹히려는 거예요. 그렇게 함으로서 씨앗을 멀리 퍼뜨리려고 하는 거죠. 그런데 고추는 빨갛지만 매워서 대부분의 동물이 먹기를 피해요. 새는 매운맛을 느끼는 능력이 없어서 고추를 먹을 수 있어요. 하늘을 날아 멀리멀리 씨앗을 옮겨 주는 새에게만 먹히고 싶어서, 고추는 매워진 것인지도 몰라요.

구미도는 이야기!

녹색 고추는 생으로도 먹고 붉은 고추는 요리에도 쓰고 말려서 고춧가루로도 만들어요

고추에는 우리가 주로 먹는 꽈리고추, 오이고추, 할라페뇨 외에도 여러 종류가 있어요. 기본적으로 녹색은 여물지 않은 상태이며, 익으면 붉어지게 돼요. 붉은 고추를 잘 말려서 빻으면 고춧가루가 된답니다.

지방을 태우는 캡사이신 덕분에 뜨겁게 타올라요!

고추의 매운맛 성분, 캡사이신은 지방을 에너지로 바꾸는 작용을 해요. 그래서 고추가 들어간 매운 음식은 다이어트에도 도움이 돼요. 또 혈액 순환을 좋게 해서 몸을 따뜻하게 하거나 음식의 소화를 돕는 효과도 있지요.

그런데 매운 음식은 왜 인기가 있는 걸까요? 사실 캡사이신이 몸속으로 들어가면, 뇌에서 몸의 고통을 줄여 주는 엔도르핀이라는 물질이 나와요. 엔도르핀이 나오면 쾌감을 느끼기 때문에 매운 음식을 자꾸 먹고 싶어지는 거예요.

좋은 채소 고르기

껍질에 윤기가 흐르고 탱탱하다.

싱싱하다.
* 날고추일 경우

매운 음식은 자꾸만 먹고 싶어지는 법이지요.

단호박은 여름에 나는데 다들 겨울이 제철이라고 착각해요

4장 수수한 외모 뒤에 숨겨진 힘

여름 채소인 단호박. 왜인지 겨울에 죽이나 수프 같은 요리로 따뜻하게 먹는 이미지가 있어요. 그건 단호박이 오래 보관할 수 있는 채소이기 때문이에요. 옛날에는 겨울에 녹황색 채소를 손에 넣기가 무척 어려웠기 때문에, 비타민이 풍부한 단호박을 먹고 겨울을 나고자 한 것이지요.

참고로 단호박은 일제 강점기에 일본에서 전해졌어요. 그래서 '왜호박'이라는 이름으로 불리다가, 1960년대 무렵부터 맛을 표현한 이름 '단호박'으로 불리게 되었대요.

채소 프로필 PROFILE

이름 단호박

영어명 Sweet pumpkin

분류 박과 호박속

대표 생산지 제주도, 함평, 홍천 등

씨앗도 먹을 수 있어요!

단호박과 호박은 씨앗에도 영양분이 듬뿍 들어 있어요. 씨앗을 씻어서 말린 다음, 기름을 두른 프라이팬에 볶아서 익혀요. 겉껍질을 떼고 속의 알맹이를 먹으면 돼요.

단호박
숨겨진 이야기

핼러윈 유령 '잭 오 랜턴'은 원래 순무였대요!

핼러윈 하면 호박 속을 파내어 만든 '잭 오 랜턴'이 유명해요. 원래의 잭 오 랜턴은 순무로 만들었답니다. 핼러윈은 유럽의 행사였는데 미국으로 전해지면서, 미국 사람들이 순무 대신 호박으로 만들게 된 것이지요.

두꺼운 껍질은 전자레인지에 돌리면 손쉽게 자를 수 있어요!

단호박은 단단해서 자르기가 무척 힘들어요. 하지만 전자레인지로 익혀서 어느 정도 부드럽게 만들면 쉽게 잘리지요. 통째로 돌릴 때는 5~6분 정도 가열해요. 반으로 자른 것은 씨앗과 속을 파내고 랩을 씌워 2~3분 정도 가열하세요. 전자레인지에 따라 시간은 조절하세요.

구이도는 이야기!

비타민과 당분 등 영양이 만점!

단호박에는 뇌의 에너지원이 되는 당분이 풍부해요. 또 다양한 비타민도 듬뿍 들어 있지요. 눈과 피부를 건강하게 만드는 카로틴(카로틴은 우리 몸 안에서 비타민 A로 바뀌어요.), 피로를 해소해 주는 비타민 B1, 피부 건강을 지켜 주는 비타민 B2, 감기를 예방하는 비타민 C, 암을 예방하는 비타민 E까지. 아주 다양하지요? 특히 비타민 E는 노화를 억제하는 효과도 있어서 회춘 비타민이라고도 부른대요.

풍부한 당분에 영양분까지 가득한 단호박을 먹어 보세요. 열량은 낮아 다이어트에도 도움이 된답니다.

채소 칼럼

씩씩한 채소의 어여쁜 꽃

늘 보던 채소의 모습과는 좀 다르지요? 채소 모습과의 차이를 느껴 보면서, 예쁜 꽃의 모습을 한번 살펴봐요.

아름답고 우아한 꽃
연꽃

연근은 진흙 속에서 자라나 아름다운 연꽃을 피우지요. 그 때문에 옛날 사람들은 연꽃을 불교의 이상 세계인 극락정토에 어울린다고 생각했어요. 절의 연못에서 많이 기르는 것도 그 때문이지요.

귀여운 모양의 꽃
파꽃

파꽃을 본 적 있나요? 파의 이파리 끝에 마치 머리카락을 빡빡 깎아 매끈한 스님 머리처럼 얇은 껍질이 생겨요. 그다음 수많은 작은 꽃이 피어나면 밤송이처럼 되지요.

왕비님의 머리 장식
감자꽃

프랑스 왕 루이 16세의 왕비였던 마리 앙투아네트는 감자꽃을 좋아했어요. 아름답게 꾸민 뒤 감자꽃 머리 장식을 달았다고 해요. 그런데 그건 예뻐서이기도 했지만, 감자가 식용 식물이라는 걸 알려 주기 위해서이기도 했대요.

나팔꽃과 비슷한
고구마꽃

고구마는 보통 꽃을 피우지 않아요. 백 년에 한번 핀다고 할 정도로 희귀하지요. 그런데 고구마의 분류는 메꽃과 나팔꽃속이에요. 그리고 나팔꽃도 마찬가지로 메꽃과 나팔꽃속이에요. 그래서 아주 비슷하게 생겼어요.

5 장

정말…
채소 맞아요?

멜론의 그물 무늬는 상처 딱지예요

멜론이라고 하면 가느다란 그물 무늬가 특징이지요. 그런데 이 그물 무늬는 그냥 무늬가 아니에요. 사실 상처가 난 다음에 생긴 딱지랍니다.

멜론은 커지는 과정에서 껍질만 먼저 성장이 멈춰요. 하지만 내용물은 계속 커지기 때문에 껍질이 갈라지면서 상처가 생기게 돼요. 이 상처를 메우기 위해 생긴 딱지 같은 것이 바로 멜론의 그물 무늬랍니다. 멜론은 상처투성이가 되면서 성장하는 것이지요.

채소 프로필 PROFILE

- **이름** 멜론
- **영어명** Melon
- **분류** 박과 오이속
- **대표 생산지** 고창, 곡성, 나주 등

연두색, 주황색, 흰색 계열로 나뉘어요

멜론은 속살이 연두색인 '연두색 계열', 주황색인 '주황색 계열', 흰색인 '흰색 계열'이 있어요. 흰색 계열 중에는 그물 무늬가 없는 멜론도 있어요.

멜론
숨겨진 이야기

멜론은 오냐오냐하지 말고 엄하게 키워야 맛있어져요

멜론은 물을 많이 주면 과육이 물컹해지고 달콤함이 떨어져요. 그래서 멜론을 기르는 사람들은 멜론 잎이 마를 정도로 물을 조금만 주어요. 그런 괴로운 환경 속에서 필사적으로 영양분을 저장해 달콤하고 맛있는 멜론으로 자라나는 것이지요.

세 시간 전에 냉장고에 넣어 먹어요

멜론이 잘 익으면 달콤한 향기가 감돌고 배꼽 부분이 부드러워져요. 그때가 먹을 때예요. 그전에는 숙성될 때까지 바람이 잘 통하는 곳에서 보관하세요. 또 숙성된 멜론을 먹기 세 시간 전에 냉장고에서 차게 식히면, 가장 달콤하게 먹을 수 있어요.

빠르게 에너지로 바뀌어서 운동할 때 최고의 간식이에요!

당질은 우리가 활동하기 위한 에너지원이 되는 영양소예요. 멜론에는 당질인 과당과 포도당이 듬뿍 들어 있어요. 과당과 포도당은 몸에 잘 흡수되어 빠르게 에너지로 바뀌지요. 또 멜론에는 세포가 탈수 상태가 되는 것을 막아 주는 칼륨이라는 성분도 풍부해요. 에너지를 충전해 주고 열사병도 예방하는 멜론은 운동할 때 간식으로도 안성맞춤이지요.

게다가 멜론에는 몸의 컨디션을 조절해 주는 비타민 C도 많이 들어 있어요.

수박은 멜론 옆에 있으면 썩어요

수박과 멜론은 모양도 크기도 비슷해서 같이 보관하고 싶어지지만, 절대 같은 곳에서 보관하면 안 돼요. 왜냐하면 멜론과 같이 두면 수박이 썩어 버리기 때문이에요!

멜론은 에틸렌이라는 성분을 공기 중으로 방출하는데, 에틸렌에는 과일을 성장시키는 성질이 있어요. 그래서 옆에 있는 수박이 너무 익어 버려서 썩게 되는 거예요. 수박과 멜론을 둘 다 맛있게 먹으려면 꼭 떨어뜨려서 보관하세요.

채소 프로필

이름 수박

영어명 Watermelon

분류 박과 수박속

대표 생산지 고창, 하동, 안동 등

베트남에서는 설날 차례상에 수박을 올린대요

베트남에서는 음력 설인 구정을 '테토'라고 부르며 수박을 상에 올리는 습관이 있어요. 베트남에서는 붉은색이 행운을, 노란색이 금전운을 가져온다고 여겨지기 때문이에요.

수박
숨겨진 이야기

수박 씨앗을 먹으면 그대로 똥과 함께 나와요

수박씨는 단단한 재질로 덮여 있어서, 위에서 소화되지 않아요. 삼켰을 때의 모습 그대로 똥과 함께 나온답니다. 최대한 멀리까지 자기 씨앗을 뿌리고 싶어 하는 수박의 잔꾀일 거예요.

구미도는 이야기!

수박 껍질에도 영양이 듬뿍!

수박 껍질의 흰 부분에는 시트룰린이라는 성분이 잔뜩 들어 있어요. 그 양은 붉은 부분의 약 두 배나 돼요! 시트룰린은 혈액 순환을 좋게 하고 피부를 촉촉하게 하는 효과가 있어요. 바깥쪽의 녹색 부분만 벗겨 내고 먹어도 건강에 좋아요.

칼륨도 섭취할 수 있으니 여름철 수분 보충에 딱!

수박은 영어로 'Watermelon', 물 멜론이라고 할 정도로 수분이 많아요. 무려 90퍼센트 이상이 수분이지요!

또 수박에는 칼륨이라고 불리는 영양소도 포함되어 있어요. 칼륨은 나트륨과 더불어 열사병을 막아 주는 중요한 영양소예요. 나트륨은 소금에 들어 있으니, 수박에 소금을 살짝 뿌려 먹으면 열사병을 예방할 수 있겠지요?

수박을 달콤하게 먹기에 알맞은 온도는 15도예요. 너무 차가워지지 않게 주의하면 더 맛있게 먹을 수 있답니다.

좋은 채소 고르기

묵직하고 두드려 보면 통통 소리가 울린다.

껍질에 탄력과 윤기가 있고 줄무늬가 뚜렷하다.

씨가 검고 구멍이 없다.

겨울 딸기는 최면술을 걸어서 팔아요

크리스마스 케이크에 장식으로 올라가는 딸기. 그래서 딸기는 겨울이 제철이라고 생각하는 사람이 많아요. 하지만 사실 딸기의 제철은 초여름이에요. 5~6월에 맛있는 열매를 맺는답니다. 그런데 요즘에는 비닐하우스에서 키우기 때문에, 겨울에도 맛있는 딸기를 먹을 수 있게 되었어요. 또 온도가 낮을 때 자라면 당도가 높아져서, 지금처럼 달콤한 딸기가 된답니다.

여름에는 온도가 낮은 곳에서 딸기를 재배해요. 그리고 가을이 되면 밤에도 불을 켜서 '겨울은 끝났고 해가 길어졌어.'라고 속여서 딸기가 열매를 맺도록 만드는 거예요.

채소 프로필

이름 딸기

영어명 Strawberry

분류 장미과 딸기속

대표 생산지 논산, 밀양, 진주 등

딸기는 아름다운 장미의 친척

딸기는 풀이 자라서 열매를 맺는 식물인데, 나무가 자라서 꽃을 피우는 장미와 친척이에요. 사과나무와 벚나무도 마찬가지로 장미과랍니다.

딸기
숨겨진 이야기

깨알 같은 점은 씨앗이 아니라 열매예요!

딸기에 퍼져 있는 깨알 같은 점이 진짜 딸기 열매랍니다. 딸기 하나에 이백 개에서 삼백 개 정도의 열매가 모여 있어요.

전자레인지로 딸기잼을 만들어요!

만드는 법

1. 딸기는 씻어서 꼭지를 떼요. 물기를 제거한 다음 반으로 잘라요.
2. 큼직한 내열 그릇에 설탕(딸기 무게의 절반)과 레몬즙 한 작은술을 넣고 잘 섞은 뒤 10분 정도 둡니다.
3. 그릇 안의 내용물을 섞고 랩을 느슨하게 씌워요. 그리고 전자레인지에서 3분 가열합니다.
4. 전자레인지에서 꺼내서 흰 거품을 제거해요. 그다음 다시 전자레인지에서 2분 돌리면 딸기잼 완성!

* 전자레인지마다 돌리는 시간이 다를 수 있어요. 다 만들어진 잼은 냉장고에 보관하면서, 일주일 이내에 다 먹어야 해요.

구미도는 이야기!

5장 정말… 채소 맞아요?

꼭지 아래에 모인 비타민 C! 딸기 꼭지는 자르지 말고 잡아 뜯는 게 좋아요

딸기에는 비타민 C가 풍부하게 들어 있어요. 외국에서 '딸기를 하루에 열 알 먹으면 감기를 예방할 수 있다.'라는 말이 있을 정도예요.

그런데 딸기의 꼭지 바로 아래 부분은 달지 않으니까 먹다 남기는 경우가 많지요? 사실 꼭지 바로 아래쪽이야말로 영양이 듬뿍 담겨 있답니다. 꼭지를 떼고 나서 딸기를 씻으면 비타민 C가 빠져나가 버리니까, 꼭지가 달린 채로 헹구는 것이 좋아요. 또 꼭지는 칼로 자르지 말고 잡아 뜯어야 영양분을 남김없이 섭취할 수 있답니다.

좋은 채소 고르기

꼭지 아래가 중요했군요.

꼭지가 짙은 녹색이고 시들지 않았다.

색이 선명하고 균일하며 윤기가 나고 흠집이 없다.

표면의 열매 알갱이가 또렷하다.

표고버섯의 버섯갓을 옆에서 보면 위쪽은 둥글게 솟아 있고 아래쪽은 평평한 모양이에요. 버섯갓의 이 모양에는 비밀이 있어요. 바람이 지나가면 버섯갓이 위쪽으로 끌어당겨지면서 공중에 뜨는 힘이 발생한답니다.

표고버섯은 이 힘을 이용해서 버섯갓 아래쪽에 있는 수많은 포자(씨앗 같은 역할을 하는 부분)를 멀리까지 날려서 자손을 퍼뜨려요.

놀랍게도 이 구조는 비행기의 날개가 하늘로 뜨기 쉬운 모양으로 설계된 것과 완전히 똑같답니다.

채소 프로필 PROFILE

이름 표고버섯

영어명 Shiitake

분류 송이과 표고속

대표 생산지 용인, 장흥, 합천, 통영 등

표고버섯 재배는 마치 공장 같아요!

현재 판매하는 표고버섯의 대부분은 톱밥에서 표고버섯을 기르는 '균상 재배'를 해요. 온도와 습도를 조절한 건물 안에서 표고버섯을 기르는 모습은 마치 공장 같지요.

표고버섯
숨겨진 이야기

버섯은 식물일까요?
동물에 가까울지도 몰라요!

표고버섯은 채소로 팔리고 있어요. 하지만 버섯은 식물이 아니라 곰팡이와 같은 균류랍니다. 버섯의 주성분은 게의 등딱지나 곤충의 겉껍질과 같은 키틴이라는 성분입니다. 오히려 동물에 가까울지도 몰라요.

물을 넣고 익히면 더 맛있어져요!

표고버섯을 넣고 국이나 찌개를 만들 때는 불을 켜기 전에 표고버섯을 먼저 냄비에 넣어야 해요. 표고버섯의 감칠맛을 내는 성분인 구아닐산은 물속에서 천천히 가열하면 더 맛있어지거든요. 그리고 표고버섯은 요리 전에 씻을 필요가 없어요. 젖은 키친타월 등으로 닦아 내기만 해도 충분해요.

요리 전에 일광욕을 하면 뼈를 튼튼하게 하는 비타민 D가 늘어나요!

표고버섯에는 비타민 D로 변화하는 에르고스테롤이라는 성분이 듬뿍 들어 있어요. 비타민 D는 뼈나 치아를 튼튼하게 해 주는 영양소예요.

버섯은 그늘에서 자란다는 이미지가 있지만, 사실 표고버섯은 햇빛을 무척 좋아해요. 햇빛을 받으면 비타민 D가 열 배로 늘어나요. 그러니 요리에 사용하기 한 시간 전에 바람이 잘 통하는 곳에서 일광욕을 시켜 주면 영양이 더 풍부해져요.

말린 표고버섯은 생표고버섯보다 비타민 D가 서른 배 이상 많이 들어 있어요.

좋은 채소 고르기

축축하지 않고 두툼하다.

버섯갓이 너무 많이 벌어지지 않았다.

먹기 전에 조금만 신경 쓰면 영양이 더 풍부해져요.

채소 칼럼

채소와 과일의 차이는 무엇일까요?

뿌리나 줄기, 잎을 먹는 것이 채소이고 열매를 먹는 것이 과일이라고 생각하나요? 하지만 가지나 피망은 열매를 먹지만 채소예요. 그렇다면 채소와 과일의 차이는 대체 무엇일까요?

풀일까요, 나무일까요? 채소와 과일의 차이는 학문적으로 풀에서 자라는가, 나무에서 자라는가로 나눌 수 있어요. 일 년 안에 시드는 풀에서 수확하는 것이 채소예요. 그리고 몇 년씩 시들지 않는 나무에서 수확하는 것이 과일이지요. 이 분류법에 따라서 멜론, 수박, 딸기는 채소로 분류돼요.

사과(과일)

피망(채소)

딸기(채소)

딸기는요? 딸기는 몇 년씩 시들지 않는 풀에서 따요. 그래도 농가 사람들은 매해 모종을 바꿔 심으며 딸기를 기르지요. 그래서 딸기는 채소로 분류해요. (유럽에서는 맛과 용도로 구분하기에, 과일로 분류해요.)

바나나(과일)

바나나는요? 바나나는 나무처럼 보이지만 사실은 커다란 풀에서 자라요. 그렇지만 이 풀은 몇 년씩 시들지 않고 바나나 열매를 맺기 때문에, 바나나는 과일로 분류돼요.

135

채소 칼럼

'토마토 재판'
토마토는 채소일까요? 과일일까요?

19세기 미국에서 실제로 일어났던 사건이에요. '토마토는 채소일까? 과일일까?'로 재판까지 열린 것이죠. 그 결과, '토마토는 디저트가 아니다.'라는 이유로 채소라는 판결이 내려졌어요. 그런데 왜 재판까지 할 정도로 싸웠던 걸까요? 당시 미국에서는 수입한 채소에는 세금을 부과하고, 과일에는 세금을 부과하지 않았어요. 그래서 세금을 징수하는 공무원은 '토마토는 채소다!'라고 주장하고, 세금을 내기 싫은 수입업자는 '과일이다!'라고 주장했던 거예요.

토마토 젤리

토마토 샐러드

드라이 토마토

토마토소스 파스타

맛있게 먹어요!
채소를 보관하는 요령

밭에서의 모습을 떠올려 봐요!

채소를 맛있는 상태로 오래 보관하는 가장 좋은 요령은, 채소가 자라날 때의 모습을 떠올려 보는 거예요. 감자는 어두운 땅속에서 자라므로, 빛이 닿지 않는 서늘한 장소에서 보관하면 좋아요. 싹이 잘 나지 않아 오래 보관할 수 있어요. 또 시금치 등의 잎채소는 밭에서 자라날 때처럼 잎이 위로 가게 세운 상태로 냉장고에 보관하면 오래 가지요.

키친타월이나 비닐봉지, 밀폐 용기를 사용해요!

채소는 수확한 후에도 호흡을 계속해요. 이때 발생하는 에틸렌 가스는 채소가 익도록 도와요. 에틸렌 가스 때문에 다른 채소가 너무 익거나 썩어 버리지 않도록, 채소별로 각각 나눠 담는 것이 중요해요. 비닐봉지나 밀폐 용기를 사용해서요. 건조한 것을 싫어하는 채소는 축축한 신문지나 키친타월로 감싼 다음 비닐봉지에 넣어 주세요. 그리고 물기를 싫어하는 채소는 마른 신문지나 키친타월로 감싼 다음 비닐봉지에 넣어 두면 오래 가요.

냉장고에 보관하는 채소

냉장고 안은 위치에 따라 온도가 달라요. 냉장고 문 안쪽은 자주 여는 곳으로 온도가 자주 바뀌는 곳이고 냉장고 맨 아래칸은 비교적 온도가 낮은 칸이에요. 그래서 주로 맨 아래칸을 채소칸으로 보관하지요. 그런데 채소칸보다 더 낮은 온도를 좋아하는 채소도 있어요.

채소칸에 보관해요

토마토, 콜리플라워, 고추, 양배추, 배추, 시금치, 양상추, 파, 순무, 당근, 오이, 피망, 연근, 딸기, 표고버섯 등

양배추나 양상추는 심지를 제거하고 그곳에 적신 키친타월을 넣은 다음 비닐봉지에 넣어서 보관하면 오래 가요. 잎이 달린 무 등은 그대로 두면 잎이 영양을 다 흡수해 버리고 말아요. 잎을 잘라 낸 다음 나누어 보관하세요.

냉장칸에 보관해요

브로콜리, 무 등

채소칸보다 약간 더 낮은 온도의 냉장칸에 보관해 주세요. 브로콜리는 특히 에틸렌 가스를 많이 내보내는 채소예요. 꼭 비닐봉지나 밀폐 용기에 보관하세요.

가장 안쪽에 보관해요

숙주 등

숙주는 추운 것을 좋아해요! 냉장고의 제일 안쪽에 보관해요.

냉장고에 넣지 않는 채소

흙이 묻어 있는 채소는 씻지 말고 그대로 보관해야 오랫동안 맛있게 먹을 수 있어요. 어떤 채소든 선선하고 바람이 잘 통하며 햇빛이 들지 않는 장소에 보관하세요. 단, 더운 계절에는 냉장고에 보관해야 해요. 또 자른 채소도 냉장고에 넣어서 보관하세요.

감자, 가지, 토란, 단호박, 우엉, 고구마, 멜론(완숙 전까지), 수박 등

매달아 두면 오래 가요

양파나 마늘은 망에 넣어서 그늘진 곳에 매달아 두면 오래 가요. 단, 햇양파는 냉장고에 보관하세요.

감자와 사과는 궁합이 좋아요

사과에서 나오는 에틸렌 가스의 작용으로 감자가 잘 발아하지 않기 때문에, 사과와 감자를 같이 두면 감자를 오래 보관할 수 있어요.

빨리 먹어요

옥수수나 풋콩은 하루만 지나도 맛이 크게 떨어져요. 최대한 빨리 삶거나 쪄서 드세요.

나를 아나요? 새로운 채소

세상에는 우리가 잘 모르는 채소가 아주 많아요! 요즘은 우리 주위에서도 볼 수 있게 된 새로운 채소를 소개할게요. 여러분은 본 적이 있나요?

예술적인 소용돌이 모양
로마네스코 브로콜리 (십자화과 배추속)

이탈리아 태생의 채소로 브로콜리와 콜리플라워의 친척이에요. 우리가 먹는 부분은 아주 많은 꽃봉오리가 모여 있는 부분이에요. 산처럼 솟아오른 덩어리가 빽빽하게 모여 있는데, 위쪽에서 바라보면 소용돌이 모양이에요. 식감은 콜리플라워와 비슷하고, 맛은 브로콜리와 비슷해요.

먹는 방법
소금을 넣어 데쳐서 콜리플라워나 브로콜리처럼 요리해요.

동양계 단호박의 친척
버터넛 스쿼시 (박과 호박속)

호리병 같은 모양의 버터넛 스쿼시는 미국에서는 친숙한 채소예요. 서양에서 더 흔하게 쓰이지만, 사실 서양계 단호박이 아니라 동양계 단호박의 친척이에요. 버터넛(Butternut)이라는 이름대로, 견과류 같은 맛과 진득한 식감을 가졌어요. 껍질이 얇아서 필러로 벗길 수 있어요.

먹는 방법
일반적인 단호박처럼 찌거나, 굽거나, 수프를 만들기도 해요. 생으로 먹을 수도 있어요.

꽁꽁 언 것처럼 보여요
아이스 플랜트 (번행초과 아이스 플랜트속)

남아프리카 태생으로, 선인장의 친척이에요. 잎과 줄기에 물방울 같은 알갱이가 붙어 있는데 마치 꽁꽁 언 것처럼 보여요.
그래서 '아이스 플랜트(언 식물)'라는 이름이 붙었어요. 물방울 같이 생긴 알갱이는 염분 결정이에요. 그래서 먹으면 약한 소금 맛이 나요. 톡톡 터지는 식감이 재미있는 채소지요. 피부 건강을 지켜 주는 카로틴이 풍부해요.

먹는 방법 --------------
생으로 샐러드를 해 먹어요. 데치거나 튀김으로 먹어도 맛있어요!

바나나 같은 생김새
바나나 고추 (가짓과 고추속)

바나나처럼 길고 가느다란 모양의 고추예요. 수확할 때는 연두색이지만, 더 익으면 노란색, 주황색, 붉은색으로 색이 바뀌어요. 일반 고추보다 두툼하고 쓴맛이 적으며, 파프리카에 가까운 맛이에요. 비타민 C가 듬뿍 들어 있어요.

먹는 방법 --------------
익혀 먹어도, 생으로 샐러드에 넣어 먹어도 맛있어요!

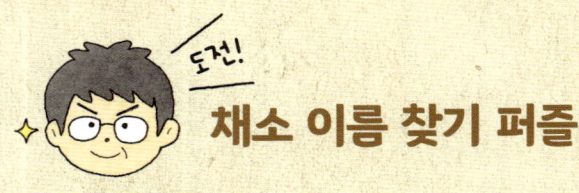

채소 이름 찾기 퍼즐

지금까지 맛도 모양도 다양한 채소에 대해 살펴보았어요. 우리가 배운 채소들을 낱말 퍼즐에서 찾아볼까요? 아래 박스 속 채소 이름 열네 개를 찾아 동그라미 쳐 보세요.

가지 감자 고구마 단호박 당근 브로콜리 시금치 양배추
옥수수 우엉 콜리플라워 토란 토마토 표고버섯

호	코	시	약	토	고	워	코	근	가	섯	크	옥	지
참	양	토	마	코	코	타	브	섯	토	마	토	엉	호
추	배	추	마	토	타	크	마	마	자	가	추	토	코
수	추	카	토	당	로	교	감	수	리	고	구	마	추
투	투	토	참	근	후	크	토	타	근	구	수	플	구
추	표	차	크	섯	타	코	약	카	초	감	옥	수	수
토	시	금	치	교	치	차	호	코	금	우	참	수	감
타	호	포	로	호	토	고	수	타	콜	리	플	라	워
표	여	브	란	양	타	표	감	크	타	타	버	토	후
토	호	근	로	호	크	마	시	자	콜	단	호	박	고
감	타	교	타	콜	타	수	토	근	추	란	튜	란	가
토	우	토	타	타	리	튜	표	고	버	섯	오	라	당
코	감	양	가	양	시	플	지	리	수	콜	가	토	감
타	추	타	지	감	추	섯	마	우	엉	육	타	란	감

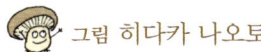 그림 히다카 나오토

책과 광고 등에 그림을 그리는 화가입니다. 1992년에 태어나 오카야마대학교 디자인학부를 졸업했습니다. 그린 책으로 《아이와 즐기는 화초의 비밀》 등이 있습니다.

 감수 이나가키 히데히로

식물학자이자 시즈오카대학교 농학부 교수입니다. 1968년에 태어나 오카야마대학교 대학원 농학 연구과에서 잡초생태학을 전공하고 농학 박사학위를 받았습니다. 학생들을 가르치고 연구하는 틈틈이 대중을 위한 저술과 강연에도 열정을 쏟고 있습니다. 주요 저서로 《세계사를 바꾼 13가지 식물》 《재밌어서 밤새 읽는 식물학 이야기》 《전략가, 잡초》 《싸우는 식물》 《패자의 생명사》 등이 있습니다.

옮김 김지영

이화여자대학교 국어국문학과를 졸업하고 동 대학 통역번역대학원에서 번역학 석사 학위를 받았습니다. 현재 전문 번역가로 활동하고 있습니다. 옮긴 책으로 《요괴의 아이를 돌봐드립니다》 《잔혹 탐정의 사건 수첩》 《파국》 《당신이 나를 죽창으로 찔러 죽이기 전에》 등이 있습니다.

알고 먹으면 더 건강해져요!
어린이 채소 도감

2023년 8월 30일 1판 1쇄 발행 | 2024년 6월 20일 1판 2쇄 발행
편찬 | 아마나 NATURE&SCIENCE 그림 | 히다카 나오토 감수 | 이나가키 히데히로 .옮김 | 김지영
기획·편집 | 윤경란, 박세희 디자인 | 조이진 마케팅·관리 | 이선경, 김민경 제작 | 임진규, 김병철
펴낸이 | 조덕현 펴낸곳 | (주)미세기 출판등록 | 1994년 7월 7일 (제21-623호)
주소 | 서울시 강남구 논현로 164 유니북스빌딩 전화 | 02-560-0900 팩스 | 02-560-0901
홈페이지 | www.miseghy.com 전자우편 | miseghy1@miseghy.com 인스타그램 | miseghy_books
ISBN | 978-89-8071-545-9 76480

KENA GENA YASAI ZUKAN © HIDAKANAOTO & X-Knowledge Co., Ltd. 2022
Originally published in Japan in 2022 by X-Knowledge Co., Ltd.
Korean translation rights arranged through AMO Agency KOREA

이 책의 한국어판 저작권은 AMO에이전시를 통해 저작권자와 독점 계약한 미세기에 있습니다.
저작권법에 의해 한국 내에서 보호를 받는 저작물이므로 무단 전재와 무단 복제를 금합니다.

· 도서의 일부 내용을 국내 실정에 맞게 변경하였습니다.
· 이 책 본문에 국립공원공단의 꼬미 서체를 사용했습니다.
· 어린이제품 안전특별법에 의한 표시사항
  제품명 도서 | 제조사명 (주)미세기 | 제조국명 대한민국 | 사용 연령 7세 이상